Inhaltsverzeichnis

Impressum

"Und wo fährt die Kurtaxe ab?"

1. Auflage 2023

ISBN: 978-3-947096-23-7

Im insularen Buchhandel ist eine Reihe weiterer Sylt-Bücher von Frank Deppe erhältlich.

Hoffentlich war dies kein Omen für die Ehe: Während ein auswärtiges Paar in der Morsumer Kirche getraut wurde, klingelte unverhofft das Handy des Bräutigams. Nicht schon unangenehm genug, erklang als Klingelton die Melodie "Spiel mir das Lied vom Tod".

Vor einigen Jahren brach ein älterer Urlauber in einem Wenningstedter Hotel zusammen. Wenig später trafen Notarzt und Sanitäter ein und boten seiner Ehefrau an, ihn auf dem Weg in die Klinik im Krankenwagen zu begleiten – was indes leider mit dem Terminkalender der Dame kollidierte. Kurzerhand sprach sie eine ihr bis dato unbekannte Frau an, die ebenfalls in dem Hotel logierte: "Könnten Sie nicht vielleicht mitfahren? Ich habe gleich meine Anwendungen!"

Mit einer eher ungewöhnlichen Erklärung versuchte eine Urlauberin aus Dortmund im Sommer 1991 den Umstand zu rechtfertigen, dass sie in einem Westerländer Supermarkt zwei Tafeln Schokolade entwendet hatte. Gegenüber den Polizisten erklärte sie, gerade eine Hungerkur durchzumachen. Doch als sie durch den Laden schlenderte, habe sie einfach nicht mehr an sich halten können.

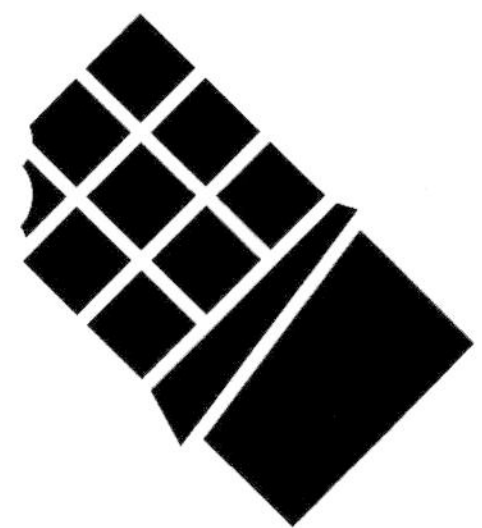

"Auf Sylt gibt es kein schlechtes Wetter, nur schlechte Kleidung", besagt eine Binsenweisheit. Eine recht spärliche Garderobe für die Jahreszeit wählte im Januar 2005

ein Urlauber, der sich in einem Appartement im achten Stock des Westerländer Kurzentrums eingemietet hatte. Während ein Orkantief mit einer Geschwindigkeit von bis zu 180 Stundenkilometern über die Insel hinwegfegte, wollte der Mann einen Schnappschuss von der tosenden See machen. Nur mit der Unterhose bekleidet betrat er den Balkon, als die Tür durch eine Böe zufiel und sich verriegelte. Der Ausgesperrte konnte erst nach längerem Rufen und Winken Passanten auf seine missliche Lage aufmerksam machen und von der Feuerwehr aus der klammen Notlage befreit werden.

Da fragte ein Kunde in einer Westerländer Buchhandlung: "Können Sie mir sagen, wo der Bahnweg ist?" Die Buchhändlerin fragte zurück: "Sind Sie zu Fuß?" Kunde: "Nein, aus Ludwigshafen."

Angenommen, Sie stehen an einem Ihrer Urlaubstage zeitig auf, um einen ausgedehnten Morgenspaziergang am Wattenmeer zu unternehmen. Es liegt schon eine gute Strecke hinter Ihnen, als Ihnen der Wind plötzlich Musik zuträgt. Sie gehen noch ein Stück weiter, da erblicken Sie draußen im freiliegenden Watt eine Dame in festlicher Abendrobe, die auf einem Flügel spielt. Würden Sie Ihren Sinnen trauen? An eine Fata Morgana glauben? Im August 1994 hat sich eben diese Szene tatsächlich abgespielt. Seinen Ursprung hatte das ungewöhnliche Ereignis in der Leseraktion einer großen deutschen Zeitschrift. Unter dem Titel "Träume werden wahr" hatte die Illustrierte versprochen, außergewöhnliche Wünsche zu erfüllen. Einen solchen hatte eine Leserin, die sich als Konzertsaal das Wattenmeer und als

Publikum einen Schwarm Möwen erwählt hatte. Und so schleppten ein paar kräftige Gemeindearbeiter an einem schönen Augusttag um 5 Uhr morgens einen Flügel ins Lister Watt. Die Dame griff begeistert in die Tasten – erst die einsetzende Flut zwang die Pianistin dazu, von der Bühne abzutreten.

In den 1990-er Jahren verbuchte der damalige Kurdirektor des Dorfes Rantum eines Tages den ungewöhnlichsten Posteingang, der je auf seinem Schreibtisch landete: Ein Gast hatte sich in einem Brief über ein angeblich ungenießbares Urlaubsmahl in einem Rantumer Restaurant beschwert. Das Corpus delicti hatte der Absender beschlagnahmt und dem Schreiben gleich beigefügt: Ein halbes Kotelett.

Eine solche Reklamation war den Verkäuferinnen eines Westerländer Souvenirgeschäfts auch noch nicht untergekommen: Eine Kundin wollte ein am Tag zuvor gekauftes Andenken umtauschen. Ihre Begründung: "Die Muschel rauscht nicht mehr."

Als die Leser im Jahr 1960 eines schönen Tages die Sylter Tageszeitung aufschlagen, staunen sie nicht schlecht: In einer Anzeige sucht ein Urlauber sein Quartier. Wie es dazu kommen konnte? Der Gast aus Dortmund hatte am Abend seiner Anreise einen feuchtfröhlichen Zug um die Häuser unternommen. Was offenkundig einen Blackout zur Folge hatte: Der Urlauber suchte seine Unterkunft vergebens und reiste schließlich entnervt wieder ab – ohne Gepäck. Die Vermieterin bekam von der Anzeige dann aber doch noch Wind und schickte dem Unglücks-raben seine Koffer hinterher. Offensichtlich eine zeitlose Begebenheit: Fast ein Vierteljahrhundert später, im Juni 1994, erschien in der Sylter Tageszeitung eine Annonce mit folgendem Text: "Achtung Vermieter! Ich habe am Montag bei Ihnen ein Zimmer gemietet und finde dieses leider nicht mehr wieder. Bitte melden Sie sich!"

Darüber konnte ein Sylt-Urlauber Mitte der 1960-er Jahre gar nicht lachen: Kaum hatte der 46-jährige Hamburger nach seiner Ankunft in Westerland das Hotel betreten, in dem er zuvor telefonisch ein Zimmer reserviert hatte, klickten die Handschellen. Polizisten hatten den vermeintlichen Bankräuber dingfest gemacht – denn der Hotelportier hatte geglaubt, den neuen Gast kurz zuvor auf einem Fahndungsfoto gesehen zu haben. Zwar klärte sich der Irrtum bald auf, doch für den Mann war die Urlaubsstimmung restlos im Eimer: Er reiste wutentbrannt mit dem nächsten Zug ab.

Der Sylter "Fischpapst" Jürgen Gosch hat schon viele hungrige Kunden kommen und gehen sehen, wobei ihn "eine Sache immer besonders amüsiert": Nämlich Männer, die erst mit ihrer Sekretärin feiern – und ein paar Wochen später dann mit der Ehefrau erscheinen. "Dann legen sie rasch den Finger auf den Mund, dass ich bloß nichts sage. Bei den eigenen Frauen sind die Herren dabei eher geizig. Bei den anderen Damen dagegen lassen sie die Korken knallen..."

Die Neue Ruhr-Zeitung fragte in einem Leserwettbewerb nach einem Satz, der alle Buchstaben des Alphabets enthalte. Ein Leser schrieb: "Zwei Boxkämpfer jagen Eva quer durch Sylt."

Kaum zu glauben, aber wahr: Tatsächlich kommt es immer wieder vor, dass Sylt-Neulinge während der Zugfahrt über den Hindenburgdamm ihren Kindern stolz erklären: "Schaut mal, auf dieser Seite ist die Nordsee – und auf der anderen Seite, das ist die Ostsee."

Sie schickten ihre Briefe "An den Sylter Deich-hauptmann" oder "An den Chef vom Küstenschutz-amt", an den "Bürger-meister von Sylt" oder an den "Herrn Kulturrefe-renten". Doch ebenso falsch wie die Bezeichnungen der Adressaten, so kurios sind die Vorschläge, die da für den Sylter Küstenschutz unterbreitet wurden. Was die selbsternannten Experten motiviert, hat einer von ihnen so formuliert: "Schon oft haben Außenseiter zur Lösung von Dingen beigetragen, die sie nichts angingen." Ob die Vorschläge jedoch tatsächlich praxisnah sind, das darf man gelinde bezweifeln. So empfahl Holger B.: "Ich schlage vor, dass jedes Fahrzeug, welches auf die Insel gelangt, 50 Kilogramm Sand mitzuführen hat, welcher zum Küstenschutz verwendet wird. Halter von Fahrzeugen, denen dies nicht möglich ist, können sich durch eine Abgabe freikaufen." Eine Sylt-Urlauberin aus Fürth riet, vor dem Strand einen Müllberg aufzuschütten und zu befestigen. Aus

Fellbach bei Stuttgart stammt der Vorschlag, eine Barriere mit ausgedienten Panzern zu errichten. "Legt man Wert darauf, auch unter Wasser den kriegerischen Aspekt zu reduzieren, können ja die Kanonenrohre demontiert werden." Nicht wenige glaubten, das Ei des Kolumbus gefunden zu haben – wie Herr P. aus Hamburg: "Mehrere Erfindungen allererster Güte machen es mir möglich, Ihre Insel gegen das Meer qualifiziert abzusichern." Ein Tüftler aus Grömitz fügte dem Anschreiben gleich eine Skizze seiner Erfindung bei, "die ich bei Interesse für 30.000 Mark an Sie verkaufen würde".
Eine wirklich zündende Idee hatte schließlich dieser Schreiber: "Man muss den Flutwellen zu Leibe gehen und den ganzen Strand bei einer Sturmflut unter Beschuss nehmen. Wenn man Zehn-Zentner-Bomben in kurzen Abständen abwirft, entsteht ein Krater neben dem anderen. Das Wasser wird die Krater dann füllen, so werden die Wellen geschwächt und der Sandraub lässt nach."

Nicht immer verlaufen die Urlaubstage auf Sylt so harmonisch, wie sich das die Beteiligten vorgestellt hatten. Eine Wenningstedter Vermieterin erlebte im Jahre 1957 in ihrer Pension eine handfeste Eifersuchtstragödie: "Plötzlich stand ein hochgewachsener Mann vor mir. Er sei nonstop von Wien bis nach Sylt durchgefahren, um seine Verlobte zu treffen, die bei mir Quartier genommen habe. Einige Zeit später gab es oben einen gewaltigen Lärm. Denn die Dame war nicht allein gekommen. Ich fand im Flur eine kreischende und mit

Gepäck um sich werfende Verlobte vor. Sie rauschte an mir vorbei und schluchzte, dass sie ins Wasser gehen werde. Ich hoffte auf Ebbe und legte mich ins Bett, nachdem ich mir einen guten Cognac gegönnt hatte. Am nächsten Morgen waren die Gäste vom Wahn der Nacht befreit. Verlobter, die nicht ertrunkene Verlobte und deren Liebhaber saßen einträchtig beim Frühstück beisammen."

Traugott Giesen, langjähriger, agiler Pastor von Keitum, war Spontanität nicht fremd. Was die Erzählung eines Küsters bestätigt: "Einmal hatte ein Paar vergessen, seine Hochzeit bei uns abzusagen. Nun standen Pastor Traugott Gießen und ich in der Kirche – und auf verlorenem Posten. Dachte ich. Denn Traugott Gießen fragte ein Paar, das gerade die Kirche besichtigte, ob es denn schon kirchlich verheiratet sei – er hätte gerade Zeit. Die beiden waren es nicht und kamen, mit Regenmänteln bekleidet, unter die Haube."

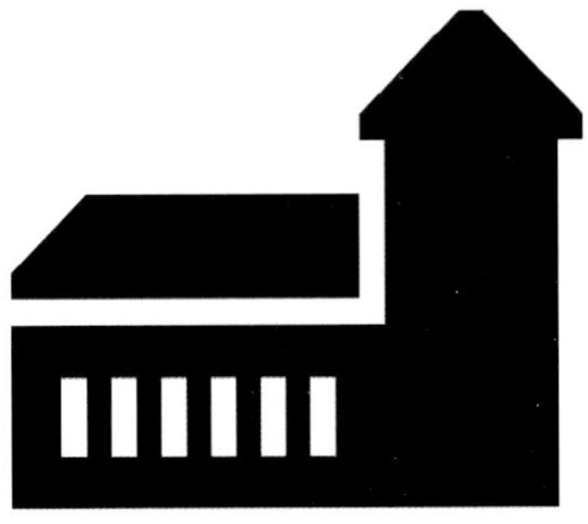

Ein Lehrer auf Klassenfahrt erkundigte sich 2021 bei der Touristinformation in Wenningstedt, wie er mit seinen Schülern am besten nach Holland käme. "Oh, das wird kompliziert", konstatierte die Mitarbeiterin. Im Laufe des Gesprächs stellte sich dann heraus: Der gute Mann meinte Dänemark.
Bleibt zu hoffen, dass es sich nicht um einen Erdkundelehrer handelte...

Manch frühere Ess- und Trinkgewohnheit erscheint uns heute recht befremdlich. So wurde auf Sylt im

18. Jahrhundert häufig Kohl aus Blättern des Strandwegerichs zubereitet. Ein Fremder monierte bei seiner Rückkehr von Sylt: "Da war ich auf einem wunderlichen Lande, woselbst ich Gras fressen musste, und wäre ich zum Winter geblieben, hätte man mir wohl Heu gegeben."

Ganz schön pingelig: 2020 bekam der Verwalter einiger Ferienwohnungen von einem Gast aus Munkmarsch ein vorwurfsvolles Foto gemailt: Neben einer Grünpflanze auf dem Fensterbrett lag doch tatsächlich ein abgefallenes Blatt.

Wer seinen Urlaub auf Sylt verbringt, der muss eine Kurabgabe – gemeinhin auch Kurtaxe genannt – entrichten. Die Kurtaxe wurde in Deutschland bereits im Jahr 1893 gesetzlich eingeführt und wird dazu verwendet, dem Gast ein attraktives Urlaubsumfeld zu gestalten. Der eine und andere Sylt-Neuling nimmt den Begriff "Kurtaxe" allerdings zu wörtlich, wie die langjährige Mitarbeiterin einer Sylter Kurverwaltung zu belegen wusste: "Da fragte ich mal einen Gast: 'Haben Sie denn schon die Kurtaxe bezahlt?' Antwortete der: 'Nein danke, wir sind mit dem eigenen Wagen da.' Und ab und zu kommt es schon mal vor, dass einen ein Urlauber zaghaft anspricht: 'Sagen Sie mal – und wo, bitte schön, fährt eigentlich die Kurtaxe ab?"

Im Strandkorb belauscht: Erzählt ein Urlauber einem anderen: "Meine Frau hat Cellulite." – "Oh, die Arme. Ist das ansteckend?"

"Ja, mit den Gästen hat man schon so einiges erlebt", berichtete 1998 eine 80-jährige Westerländerin. "Was die manchmal für komische Sachen dabei hatten – die kannten wir gar nicht. Einmal sahen wir, wie ein Gast ein Taschentuch auf der Straße wegwarf. Das konnten wir nun gar nicht verstehen. Was macht der Mann denn da? Man wirft doch nicht einfach seine Taschentücher weg! Was soll ich sagen: Es waren 'Tempo'-Taschentücher, die es auf Sylt damals noch gar nicht gab."

Anno 1858 besuchte ein früher Gast das Seebad Westerland. Was er dort freilich am Strand erblickte, gefiel ihm leidlich wenig. Noch während des Urlaubs brachte er seine Eindrücke fein säuberlich zu Papier: "Ach, welch eine Sammlung unschöner Gestalten findet sich doch hier am Strande. Welch ein Mangel an harmonischem Körperbau, an kräftiger Muskulatur und schwellenden Gliedern. So manche Locken und Perücken bleiben zurück in der Badekarre, aus breitarmigen Röcken schälen sich dünne Ärmchen. Hatte ich eben noch ehrfürchtig den reichen Herrn Kommerzienrat betrachtet, als seine dicke Gestalt gravitätisch an mir vorüberschritt, anzusehen wie ein gewaltiger wandelnder Goldbarren, so steht er nun ängstlich wackelnd ganz vorn, wo kaum der Schaum der letzten Wellen noch hinreicht. Ach, was Stadtluft, Schlemmerei, Studierstube und Schreibpult doch für Karikaturen schaffen: Schwammige Gourmands, weinerliche Hypochonder und schlaffe Jünglinge. Seht nur, da vorn: Gewissenhaft legt sich der Herr Professor auf den Sand und lässt die Wellen über sich hinweg spülen. Den Herrn Doktor aber trifft just eine mächtige Woge auf die Kehrseite, im Bogen haut es das Gesäß auf den Sand und schon meint man, eines seiner Fliegenbeinchen sei abgebrochen. Aber siehe da: Schnaufend sammelt er alle Gliedmaßen wieder auf und ergreift ein Tau. So humpelt er zur Badekarre, wo eine Garnitur von Zuschauern sitzt. Ihr Gespräch drehte sich mal wieder nur um das eine Thema, wie denn das Wetter werde und dass es heute wohl schöne Wellen gebe. Da jetzt aber zwei der Gaffer in ebenso müßige wie unbillige Klagen ausbrechen, so entferne ich mich flugs von diesem Orte."

Sylts Kurkartenkontrolleure müssen immer bestens informiert sein. Denn ihnen werden manchmal die ungewöhnlichsten Fragen gestellt. Auf Standardfragen gibt es hingegen Standardantworten, wie der Westerländer Kontrolleur Harald Glashoff schmunzelnd erzählte: "Wenn ich nach dem Wetter gefragt werde, antworte ich: Ich hab gerade oben angerufen, aber es nimmt keiner ab. Und wenn gefragt wird, wann denn Ebbe sei, sage ich: Wenn die Wellen rückwärts schlagen."

Ein malender Gast, der seine Staffelei regelmäßig am Munkmarscher Hafen aufstellte, klagte der Kurzeitung Sylt im Jahr 1956 sein Leid: "Es wäre mir lieb, wenn die Spaziergänger mir erlassen würden, ihre Fragen nach meinem Nachnamen, Vornamen, Geburtstag und Geburtsort, Familienstand und anderem mehr beantworten zu müssen."

Am Westerländer Strand bat eine ältere Dame die Rettungsschwimmer um Hilfe: Sie suche das Kind ihrer Freundin. "Ein Junge, er ist rothaarig und hat ganz helle Haut." Ein Rettungsschwimmer fragt zurück: "Wie heißt er denn?" – "Jan. Oder Niels." Kurze Verblüffung. "Es sind Zwillinge. Ich bin mir nicht sicher, welcher von beiden verschwunden ist."

Als erste Prominentenwirtin der Insel darf man Klara Tiedemann bezeichnen. Sie bewirtschaftete in den Jahren 1925 bis 1955 das exponiert gelegene Haus "Kliffende" nahe der Kampener Steilkante. Künstler, Adlige, Politiker logierten in dem schneeweißen Gehöft, darunter der Schriftsteller Thomas Mann und der Maler Emil Nolde. Reichsfeldmarschall Hermann Göring kam, wenn auch nur ungern gesehen, zum Frühstück. Zwischen ihren Gästen machte Klara Tiedemann keine Unterschiede. Nur freundlich sollten sie sein und sich ordentlich benehmen. Die Dame des Hauses konnte dabei ebenso reizend wie resolut sein. Wenn ihr jemand nicht passte, machte sie ihm das unmissverständlich klar: Sie schickte kurzerhand die Serviererin mit dem Kursbuch der Bahn an den Tisch.

In der Westerländer Innenstadt, unweit der geschäftigen Fußgängerzone, liegt ein Grundstück, das sich in das Bild nicht so recht fügen will, das die trutzigen Appartementburgen der Umgebung abgeben. 53 schlichte, hölzerne Kreuze stehen da auf gepflegtem Rasen, von Rosen umrankt. Es ist ein

Friedhof, aber kein gewöhnlicher. Es ist der Friedhof der Heimatlosen. Jedes dieser Kreuze, die da in stummer Reihe die Gräber zieren, gibt Kunde von einem Schicksal, das keiner kennt. Nur die Daten der Beerdigungen und die Namen der Orte, an deren Stränden man die Toten fand, sind auf den namenlosen Kreuzen vermerkt. Nun hätte man meinen können, dass diese Beerdigungen in aller Stille stattgefunden hätten. Weit gefehlt. Für die Sommerfrischler war es ein Ereignis, einem solchen Begräbnis beizuwohnen. Anno 1900 schrieb ein Gast in sein Tagebuch: "Gestern ist eine Leiche bei Rantum an die Insel getrieben. Heut' Nachmittag war das Begräbnis auf dem Friedhof der Heimatlosen. Die Leiche hatte während der Nacht in einem Schuppen gelegen. Sie wurde auf einem rasselnden Bauernwagen an den Friedhof geschafft, wo eine Grube gegraben war und sich ein paar Hundert neugierige Menschen versammelt hatten. Herren in Strandschuhen, weißen Anzügen und bunten Mützen. Damen in Tenniskostümen, hellen Hüten und roten Sonnenschirmen. Darüber ein jubelnder Sommertag mit strahlendem Himmel. Wer es aus der Ferne sah, hätte meinen können, dass es sich um irgend ein Fest im Freien handle. Einige Fotografen waren auch anwesend, die das Begräbnis im Bilde festhielten und die Fotografien am nächsten Tage für fünfzig Pfennig verkauften."

Einen besonderen Wunsch äußerte ein Gast in einer Westerländer Buchhandlung: "Meine Mutter ist 86 Jahre alt und durch Alterszucker sehr renitent geworden. Hätten Sie vielleicht ein Buch vorrätig, das in einem der Königshäuser spielt, wo eine der alten Damen auch Zucker hat und wo die Geschichte möglichst fröhlich endet?"

Der Urlaub geht bekanntlich immer viel zu schnell vorbei. Besonders fix indes bei einem Ehepaar, das vor wenigen Jahren in Morsum eine Ferienwohnung für zwei Wochen gebucht hatte. Die beiden reisten an – und ebenso schnell wieder ab: "Es gab wohl einen heftigen Ehestreit", erzählte der Vermieter. "Sie waren keine zwei Stunden da, da fuhren sie wortlos wieder ab."

Bis zum Jahre 1970 tuckerten Kleinbahnen über die Insel. Und die dienten nicht allein dem Transport der Urlauber. Die Inselbahn als Partyzug – das war der Clou in den wilden 1960-er Jahren. Unter anderem mietete auch Playboy Gunter Sachs gern mal einen ganzen Zug für ein rauschendes Fest auf Rädern. Andere Nachtschwärmer sparten sich die Kosten. Ein gereifter Hamburger Unternehmer kann sich noch gut an die verjährten Eskapaden entsinnen: "In Kampen haben wir damals oft die Nacht zum Tag gemacht. In den frühen Morgenstunden kam dann meist einer auf die Idee, im Meer baden zu gehen. Wir also alle Mann zum kleinen Kampener Bahnhof, wo neben den Schienen immer eine Draisine für Gleisbauarbeiten stand. Die haben wir auf die Gleise gewuchtet und sind zwei, drei Kilometer Richtung List gefahren. Dort runter zum Strand, gebadet, wieder zurück – und die Draisine ordnungsgemäß an ihren Platz gestellt. Das ging so lange gut, bis uns bei der Rückfahrt nach Kampen ein unplanmäßiger Zug entgegen kam. Fix sind wir alle von der Draisine gesprungen und in den Dünen verschwunden.

Sekunden später kam es zum Zusammenstoß, der glücklicherweise glimpflich mit leichtem Blechschaden ausging."

Streiche geringeren Ausmaßes waren bei Kindern beliebt, da die Inselbahn auf sie eine besondere Anziehungskraft ausübte. Ein Berliner erinnerte sich viele Jahre später noch genau: "Es war 1959, als wir Urlaub in einem Jugendheim in Hörnum verbrachten. Für uns war es immer ein großer Spaß, Münzen auf die Schienen zu legen, die der nächste Zug dann platt walzte. Das waren dann wirklich ganz besondere Sylt-Souvenirs." Folgenreicher war, was im Frühsommer 1930 am Jugendheim "Puan Klent" südlich von Rantum geschah: Eine Gruppe von Hamburger Schülern hatte es sich auf den Schienen bequem gemacht und wollte dem nahenden Zug nicht weichen. Der Sitzstreik, der den Zugführer zum Abbremsen nötigte, blieb nicht ohne Konsequenzen: Die Übeltäter wurden von der Polizei verhört und zu Geldstrafen verdonnert. Eine gar unerhörte Tat, von der auch in Hamburg noch wochenlang die Rede war. Allein: Den "Frevlern" mangelte es offenkundig an Einsicht. Einer von ihnen schrieb in der Schulzeitung des "Christianeums zu Altona" diese spöttischen Zeilen: "Der 19. Mai 1930 – ein schwarzer Tag in der Geschichte der Sylter Südbahn! Es sind gerade Schüler aus Altona in "Puan Klent" eingetroffen, die in ihrer großstädtischen Naivität von den Gefahren der modernen Verkehrstechnik, wie sie gerade auf Sylt drohen, keine Ahnung haben. Nach einem Spaziergang setzen sie sich in ihrer kindlichen Einfalt auf die Gleise, als sich der von Hörnum kommende Zug mit rasender Geschwindigkeit nähert. Nur noch hundert Meter trennen den Zug von den Kindern, als der Lokführer mit übermenschlicher Kraft an der Bremse reißt. Nur diese Geistesgegenwart hat zwanzig junge Menschenleben vor einem grässlichen Tod bewahrt. Nachdem der Lokführer seinem Herzen durch eine Reihe von Fachausdrücken, die eher einem Zoologiebuch als dem Werk des Herrn Knigge entstammen, Luft gemacht hat, löste er die Bremse und die Modelleisenbahn setzte sich wieder in Bewegung."

Anreise mit Tücken. Am Kiosk bei der Autoverladung in Niebüll erinnert man sich unter anderem an einen Gast, der kurzerhand auf den Autozug fuhr, weil seine Frau zu lange für den Einkauf brauchte – so musste die Gattin über den kompletten Zug marschieren. Auch so mancher Ehekrach spielte sich an der Autoverladung schon ab. Ein Mitarbeiter berichtete: "Da sagte mal eine Frau zu ihrem Mann: 'Mir reicht's jetzt. Du kannst mit dem Personenzug nach Sylt fahren!' Stand auf und fuhr im Auto davon." Harmloser ist da schon die Frage, die offensichtliche Ersturlauber am Kiosk treuherzig stellten: "Wann fährt denn die nächste Fähre nach Sylt ab?"

Der Gast ist König, lautet ein geflügelter Satz. Doch was macht ein Sylter, wenn er gar keinen königlichen Besuch erwartet? Am besten eine gute Miene. So erging es vor einigen Jahren einem Keitumer, der an einem sonnigen Sommertag für den bevorstehenden Besuch der Schwiegereltern im Garten liebevoll die Kaffeetafel gedeckt hatte. Am Ende betrachtete er zufrieden sein Werk: Teller, Tassen und das Familiensilber lagen am rechten Platz, aus der edlen Vase reckten sich prachtvolle

Rosen empor, und in der Mitte des Tisches thronte eine Torte. Jetzt nur noch schnell umziehen. Wenige Minuten später kehrte der Mann in den Garten zurück und staunte nicht schlecht: Am Tisch hatte sich eine fünfköpfige Familie niedergelassen und bestellte freundlich drei Kännchen Kaffee und zwei Tassen Tee. Tatsächlich spielte der humorige Gastgeber wider Willen das Spielchen mit. Nachdem die halbe Torte verputzt und die Tassen geleert waren, orderte der Familienvater die Rechnung, worauf der vermeintliche Kellner generös erklärte: "Betrachten Sie sich als eingeladen."

Eine Urlauberin aus Zürich wohnte 2021 an einem Strandübergang in Kampen ungewollt einem Streitgespräch zwischen zwei älteren Männern bei. Der eine der beiden war zuvor wohl etwas rüpelhaft aufgetreten, worauf ihm der andere verächtlich zurief: "Sie gehören doch hier gar nicht her! Sie gehören nach Westerland."

Als Mitte des 19. Jahrhunderts der Sylter Fremdenverkehr aufkeimte, wurde das beschauliche Munkmarsch das Tor zur Insel: Vom festländischen Hafen Hoyerschleuse aus steuerten die Dampfschiffe den Munkmarscher Hafen an, von wo die Sommerfrischler per Kutsche und ab 1888 mit der Inselbahn nach Westerland chauffiert wurden. Die ohnehin beschwerliche Anreise wurde noch belastender, als es nach dem Ersten Weltkrieg 1920 im deutsch-dänischen Grenzgebiet zu

einer Volksabstimmung über die künftige Nationalität kam: Die Grenzlinie wurde daraufhin einige Kilometer weiter südlich auf die heutige Höhe verlegt.
Hoyerschleuse lag nun plötzlich auf dänischem Hoheitsgebiet; Sylt-Reisende waren fortan nur geduldet und kamen sich wie Gefangene vor.
Ein Reisender schilderte seine Bahnfahrt von Hamburg nach Sylt im Jahre 1921: "Das letzte Stück der Passage führt durch Dänemark hindurch, und man befindet sich zwei Stunden auf dänischem Boden. Bei Süderlügum kommt der Schaffner mit einer großen Zange und knipst an jede Tür des Zuges ein Bleisiegel. In Hoyerschleuse werden wir durch eine dänische Wachmannschaft in die große Wartehalle geführt und dort in Ketten gelegt. Das heißt, es bekommt nicht jeder Ketten an die Hände, sondern es werden vor die Türen Ketten gespannt, und an jede Tür tritt ein Posten. Diese Posten haben für alle Fälle Flinten bei sich, und so bewaffnet hütet man uns Deutsche, bis der Fährdampfer kommt." Sieben Jahre lang währten diese Unannehmlichkeiten, bis 1927 der Hindenburgdamm die Anreise über Dänemark entbehrlich machte.

Wenn man aus dem Erlebniszentrum Naturgewalten am Lister Hafen über das Meer blickt, erkennt man deutlich die dänische Küste. Das sieht jedoch nicht jeder Sylt-Urlauber so, weiß ein Mitarbeiter des Zentrums: "Es kommt immer wieder vor, dass Gäste steif und fest behaupten, das sei doch die Insel Föhr."

Im Jahre 1950 eröffnete die Tänzerin und Schauspielerin Valeska Gert in Kampen das bizarrste Lokal, das die Insel bis heute gesehen hat: Den

"Ziegenstall". Der Name war Programm: Holzbänke, Melkschemel und Kartoffelsäcke prägten das gewöhnungsbedürftige Ambiente, an den Wänden hingen mit Heu gefüllte Futterkrippen. Die Wände waren mit Sprüchen übersät und mittendrin prangte der respektlose Satz: "Die Gäste sind wie Ziegen, sie werden gemolken und meckern."

Als ein langjähriger Mitarbeiter des Fremdenverkehrsvereins Westerland 2018 in den Ruhestand verabschiedet wurde, erinnerte er sich an die ungewöhnlichsten Erlebnisse mit Gästen. So etwa an ein Ehepaar, das auf der Suche nach einem Quartier war, das möglichst dicht am Meer lag. Doch schon nach einer Nacht klagte es über das laute Rauschen der Wellen. Man wünsche sofort ein anderes Appartement – mitten in der Hauptsaison. Einer anderen Urlauberin war das Vogelgezwitscher in Alt-Westerland zu intensiv, während ein dritter Gast in seinem Hotelzimmer erst einmal das gesamte Mobiliar umstellte. Gegenüber dem empörten Hotelier verteidigte er sich: "Ich bin seit meiner Jugend an eben ein sehr kreativer Mensch mit einem geschulten Auge."

Lange Zeit war das Dorf Munkmarsch wie erwähnt das Tor zur Insel. Mit der Eisenbahn fuhren die Reisenden bis zur von Niebüll etwa 25 Kilometer entfernten Hoyerschleuse, wo die Dampfer ablegten. Zunächst aber mussten die Passagiere mit Kutschen durch das flache Wasser zum Schiff gekarrt werden, das weiter draußen vor Anker lag. Allein: Die Gezeiten und schlechtes Wetter brachten den

Fahrplan häufig aus dem Takt, und die die Überfahrt bekam manchem Badegast gar nicht gut. So klagte Anno 1899 einer von ihnen: "Hätte ich doch geahnt, wie speiübel einem an Bord eines solch schwankenden Schiffs werden kann, so wäre ich doch lieber in die Berge gefahren."

Man könnte im Urlaub auf Sylt doch mal eine neue Karriere starten, dachte sich 1971 ein Urlauber und schickte der Kurzeitung Sylt einen Leserbrief: "Als begeisterter Sylt-Anhänger habe ich ein Lied geschrieben, also einen Text mit Melodie, in der Hoffnung, dass dies einmal ein Insel-Hit wird. Ich sehe schon jetzt die Urlauber vor mir, die nur dieses Lied im Kopf haben und danach berauscht in die Nacht tanzen. Leider habe ich keine Erfahrung in diesen Dingen und möchte hiermit nach Ihrer Meinung fragen." Ob Liedzeilen wie "Ich habe Sehnsucht nach Sonne und Meer und komme bald wieder her" oder "Einsam am Strand, nur Wellen und Sand" die Sylt-Urlauber aus den sandigen Sandaletten gerissen hätten, darf indes bezweifelt werden.

Improvisieren ist alles: Als 1912 das Luftschiff "Victoria Luise" über die Insel schwebte, wechselte die Kurkapelle in der Westerländer Musikmuschel geistesgegenwärtig die Notenblätter und spielte: "Kommt ein Vogel geflogen."

Carl Christiansen, allgemein nur "Käpt'n Corl" genannt, war ein echtes Sylter Original. Schon im zarten Alter von 15 Jahren heuerte er auf einem Schiff an, befuhr die sieben Weltmeere und diente sich schließlich bis zum Kapitän hinauf. 1902 kehrte er auf seine Heimatinsel zurück, trat in die Dienste der Sylter Dampfschiffahrts-Gesellschaft und schipperte die Badegäste vom Festland zur Insel und zurück. Auf den Fahrten spann Käpt'n Corl viel Seemannsgarn und band den unwissenden Gästen so manchen Bären auf. Einmal zeigte er im Vorbeifahren hinüber zu dem kleinen Dorf Emmerleff und sagte wie beiläufig: "Und dort wurde Nansen geboren." Die Reisenden staunten: Wer hätte gedacht, dass der berühmte Polarforscher Fridtjof Nansen in diesem Nest das Licht der Welt erblickt hatte? Tatsächlich war Nansen in Emmerleff geboren worden, hieß allerdings mit Vornamen Sören und war von Beruf Gemüsehändler. Ein anderes Mal blickte ein Badegast versonnen auf das weite Meer und fragte: "Ist das bis zum Horizont alles Wasser?" Käpt'n Corl entgegnete trocken: "Nee, da sind auch 'n paar Fische drin."

Nahe des Hörnumer Hafens fragte 2021 ein Urlauber einen Angler: "Sagen Sie mal, was stehen denn da für große Besen im Meer?" Bei den "Besen" handelt es sich um so genannte Pricken – Stangen mit Zweigbüscheln, die der Kennzeichnung von Fahrwassern für die Schifffahrt dienen.

Zuhause in fremden Betten: Schmunzelnd erinnert sich die Mitarbeiterin eines Keitumer Hotels an jenen Gast, der die Zimmertür verwechselte und nachts in dem für ein Hochzeitspaar vorbereiten Bett von selbigem selig schlummernd vorgefunden wurde.

Die Heiratswilligen kommen aus dem ganzen Bundesgebiet, gelegentlich sogar aus Österreich und der Schweiz. Viele von ihnen verbindet eine langjährige Beziehung zu Sylt, für einige Wenige ist das Eiland jedoch nur Mittel zum Zweck: "Wir hatten auch schon Brautpaare, die auf der Durchreise zum Urlaub in Skandinavien waren und hier nur einen kurzen Zwischenstopp für die Heirat eingelegt haben", berichtet eine Mitarbeiterin des Standesamtes Sylt. Nicht minder ungewöhnlich: Paare, die wenig Wert auf Etikette legen. "Im Sommer tragen manche Bräutigame schon mal Shorts und Badelatschen. Da kommt man sich als Standesbeamtin doch etwas overdressed vor." Manchmal ist die Kleidung aber auch so ausgefallen, dass es schon wieder originell ist: "Einmal hat ein Paar in Friesennerz und Gummistiefeln auf dem Kutter geheiratet – und ein bayerisches Brautpaar in Lederhosen und Dirndl auf dem Hörnumer Leuchtturm, das war ebenso sehenswert."

Die Sylter Metropole Westerland ist seit Anno 1855 Seebad und das Ziel von Urlaubern. Und machte gleich mit einer "Wunderheilung" von sich reden: Im Frühsommer 1855 sei ein Fräulein Feddersen auf Krücken gestützt eingetroffen und habe als eine der ersten Gäste eine "Cur-Carte" erhalten, so Chronisten. Die Dame sei durch das tägliche Bad im Meer rasch genesen: "Das Fräulein vom Festland reiste ohne Gehhilfen lachend und tanzend einige Tage später ab", ist in Berichten überliefert.

Viele Fragen prasseln auf die Sylter Fremdenführer ein. Und die müssen sich beim Antworten manchmal ein Schmunzeln verkneifen: "Mich fragte einmal eine Frau, warum auf den Reetdächern Drähte gespannt seien. Es sind Blitzableiter, aber ich antwortete spontan: Das sind die Wäscheleinen unserer Friesenfrauen."

Manchmal muss man schon auf die Zähne beißen: Die Malerin Clara May besaß ab 1912 ein Ferienhaus in Kampen, und gleich im ersten Jahr gab es beim Baden im Meer ein Malheur: "Eine besonders hohe Woge nahm ihr, die gerade mit offenem Mund im Wasser stand, das Gebiss hinweg. Drei Tage lang lief die arme Frau immer wieder am Flutsaum auf und ab und hoffte vergebens, fündig zu werden", verrät ein überlieferter Bericht.

Kein Scherz, was eine Busfahrerin erlebte: "In List fragte mich ein Fahrgast allen Ernstes, ob wir denn jetzt noch in Deutschland seien."

Dass die bis zum Bau des Damms unumgängliche Anreise nach Sylt per Schiff mühselig war, fand bereits Erwähnung. Ein Sommerfrischler echauffierte sich 1901 darüber besonders: "Wehe dem törichten Optimisten, der seinen

Trost in der Hoffnung gesucht hatte, sich an Bord des Dampfers von den Unbequemlichkeiten der bisherigen Reise zu erholen. Denn diese hinfälligen Frachtboote schienen viel eher dazu bestimmt, die Seelen ruchloser Verdammter in die Unterwelt zu befördern als eine angenehme Reisegelegenheit für unbescholtene Sommerfrischler zu bieten. Nimmermehr hätte ich es für möglich gehalten, dass auf engem Raum so viel Schmutz, Gestank und seemännische Grobheit vereinigt sein könnten, eingezwängt von einem Häuflein seekranken Rindviehs. Die Gesichter von Sturm und Regen gepeitscht, entstiegen wir Gespenstern gleich nach Stunden endlich am Gestade von Munkmarsch."

Die Keitumer Kirche St. Severin ist eine beliebte Adresse für Brautpaare. Gern geht man auf deren Wünsche ein, doch nicht alle werden erfüllt. "Ein Paar wollte gerne die historischen Kronleuchter abhängen und alle Kerzen im Kirchenschiff austauschen – dies stieß bei uns jedoch auf taube Ohren", berichtete vor einigen Jahren der damalige Küster.

Der Sylter Strand ist keine Rennpiste – das mussten im Sommer 2021 zwei junge Urlauber erfahren, die mit einem teuren "Tesla X" (1020 PS, Preis: 140.000 Euro) mitten in der Nacht vom Pfad der Tugend abkamen und auf den Kampener Strand fuhren. Doch schon nach wenigen Metern steckte das Fahrzeug im Sand fest. Der 18-jährige Fahrer entschuldigte sich bei der alarmierten Polizei für die Schnapsidee mit der Begründung, er und sein Kumpel auf dem Beifahrersitz seien vom Navigationsgerät falsch gelotst worden. Alkohol- oder Drogenmissbrauch wurde bei den beiden 18-Jährigen nicht festgestellt, doch musste sich das Duo wegen einer Ordnungswidrigkeit verantworten und die Kosten für den aufwändigen Abtransport des Wagens bezahlen.

Viele heitere Begebenheiten ranken sich um die Sylter Inselbahn. In Anspielung auf die Geschwindigkeit der Bummelzüge verbreitete sich die Redensart "Blumen pflücken während der Fahrt verboten", wurden die Züge mit liebevoll-despektierlichen Kosenamen wie "Rasende Emma" oder "Käseschieber" belegt. Ein Sylter Stammgast, der 1954 mit seinem Sportverein auf Sylt weilte, erinnerte sich: "Wir liefen oft einige hundert Meter neben dem fauchenden Zug her und waren trotz des sandigen Bodens schneller. Als Mutprobe versuchten wir, vom Trittbrett aus eine Blume während der Fahrt zu pflücken – mir glückte es als erster und ich gewann das von uns Jungs eingesetzte Geld. Das reichte für eine große Portion Eis."

Sylt sells: Gerd Rindchen, in den 1980-er Jahren Kolumnist des Szenemagazins "Tango", hatte zuvor Geld auf ungewöhnliche Weise verdient: "In Kampen schlug ich mich als Schnelldichter durch. Ich ging an die Kneipentische, ließ mir ein paar Stichwörter sagen und präsentierte nach zehn Minuten ein Gedicht mit Versmaß, Witz und Handlung." Der Erlös sei nicht der schlechteste gewesen.

Nach dem Zweiten Weltkrieg ging es mit dem Fremdenverkehr nur zögerlich aufwärts. Wer in jenen Jahren als Gast nach Sylt kam, durfte eine schöne Landschaft, aber nicht allzu viele sonstige Annehmlichkeiten erwarten: Die Fahrten in vom Krieg ramponierten Zügen waren langwierig und äußerst unbequem, die Unterkünfte karg und die kulinarischen Genüsse dürftig. Oft brachten die Gäste Lebensmittel selber mit. Die Westerländer Familie Hellner erinnerte sich, dass die Urlauber anfangs noch Bettwäsche oder auch eine Tüte Kartoffeln im Gepäck hatten. Im Keitumer Café "Nielsen's Kaffeegarten" wurde Getreidekaffee ausgeschenkt. Und es gab auch ungewöhnliche Tauschgeschäfte: Das Bergmanns-Erholungswerk im Ruhrgebiet bot zweiwöchige Erholungskuren für die Kumpel an und zahlte dafür als Gegenleistung 20 Zentner Kohlen. Auch die Wenningstedterin Ose Köster vermietete: "Die Kumpels kamen in Scharen. Bettwäsche mussten sie selbst mitbringen, viele nahmen auch Lebensmittel mit. Ich schickte die Männer immer als erstes zum Strand – um Treibholz für die Kanonenöfen zu sammeln."

Vor wenigen Jahren erhielt eine Morsumerin erstmals Besuch von ihrer Cousine aus der Großstadt. "Du brauchst mich am Bahnhof nicht abholen, ich nehme mir ein Taxi", kündigte diese an. "Nein, das wäre wirklich überflüssig", winkte die Gastgeberin ab. "Doch, doch, mach dir keine Umstände", blieb die Cousine standhaft. Sie konnte dann doch noch umgestimmt werden. Der Taxifahrer hätte sich wohl auch etwas verschaukelt gefühlt – steht das Haus doch keine hundert Meter vom Morsumer Bahnhof entfernt.

Als Verwaltungschefin hat man es nicht nur mit schnöden Verwaltungsangelegenheiten zu tun. So hatte Petra Reiber, seinerzeit Bürgermeisterin der Gemeinde Sylt, die ungewöhnliche Beschwerde eines Gastes zu behandeln: Die Bürgermeisterin solle schnellstens Sorge dafür tragen, dass die Kondensstreifen der Flugzeuge vom Himmel verschwänden. Ansonsten bestünde für alle Sylter und Urlauber akute Lebensgefahr.

Ganz auf Nummer sicher gehen – selbst an der frischen Luft – wollte ein älterer Urlauber, der im Mai 2022 mit Corona-Schutzmaske radelte. Nicht so genau nahm er es hingegen mit den Verkehrsregeln: Er radelte nämlich verbotenerweise durch die belebte Westerländer Fußgängerzone.

Die Mitarbeiterinnen des Call-Centers des Insel Sylt Tourismus-Service kann so leicht keine Frage erschüttern. Kein Wunder, zogen Gäste in spe doch telefonisch schon Erkundigungen ein wie "Ist das Biikebrennen überdacht?" oder "Fährt von Sylt auch eine Fähre nach Rügen?"

Ein Unglück kommt selten allein: Was sich am 7. April 1998 im Wattenmeer vor Rantum ereignete, das mutet zwar wie ein verspäteter, schlechter Aprilscherz an, stellte aber sachlich korrekt eine Verkettung höchst unglücklicher Umstände dar: Ein Urlauber-Ehepaar hatte an jenem Tag einen Spaziergang durchs Watt unternommen. Unterwegs rutschte die Frau im Schlick aus und brach sich dabei ein Bein. Als ihr der Ehemann zur Hilfe kommen wollte, stürzte er ebenfalls und brach sich einen Arm. Ein anderer Spaziergänger alarmierte daraufhin das Deutsche Rote Kreuz, das einen Rettungswagen entsandte. Der jedoch musste kurz vor der Unglücksstelle kapitulieren, da sich das Fahrzeug trotz Allradantriebs im weichen Schlickboden fest gefahren hatte. Als nächstes rückte ein Tanklöschfahrzeug der Feuerwehr an, um den Krankenwagen aus dem Watt zu ziehen. Was passierte? Auch dieses Fahrzeug fuhr sich fest. Nächster Akt: Ein Traktor der Kurverwaltung wurde angefordert und – raten Sie mal – blieb ebenfalls stecken. Erst mit Seilwinden und der Hilfe eines Baggers konnten alle Fahrzeuge aus der misslichen Lage befreit werden. Fünf Stunden hatte die gesamte Rettungsaktion schließlich gedauert. Epilog: Die beiden Patienten waren den Umständen entsprechend wohlauf. Böse gelitten hatte durch den regen Verkehr jedoch der Rantumer Deich. "Da sieht's jetzt aus wie auf einem Panzerübungsgelände", unkte der Kurdirektor.

Da weiß man doch gleich, was sich unter den Hüllen tatsächlich verbirgt: "Es haben sich auch schon Paare bei uns kennengelernt. Eines hat später sogar geheiratet und freut sich bei jedem Sylt-Urlaub ganz besonders auf den Besuch der Saunalandschaft", erzählte der Saunameister des Freizeitbades "Sylter Welle" vor wenigen Jahren.

Eines schönen Tages, berichtete die Westerländer Vermieterin Ruth Wagner in ihrem Buch "Mien Bett vermed ik nich", habe sich bei ihrer Freundin ein älterer, freundlicher Gast bescheiden vorgestellt: "Bleibtreu." Herr Bleibtreu blieb acht Tage und spielte gerne auf seiner Geige. "Oft griff meine Freundin dann zu ihrer Mundharmonika und sie spielten zusammen. Eines Tages sagte Herr Bleibtreu: 'In der Friedrichstraße stehen doch immer Musikanten, die kriegen feines Geld. Wollen wir das nicht auch mal machen?' Meine Freundin wurde blass: 'Auf keinen Fall, Was meinen Sie, wie viele Leute mich auf Sylt kennen!' – 'Und wenn Sie sich eine Perücke aufsetzen?' – 'Auf keinen Fall!' Er spielte dann alleine, denn das war ihm der Spaß wert. Und das Honorar im Hut konnte sich auch sehen lassen: Als der Gast abgereist war, fand meine Freundin auf dem Tisch einen Hundertmark-Schein. Daneben lag eine Karte: "Herzlichen Dank für die freundliche Aufnahme. Professor Dr. Emil Bleibtreu, Bankdirektor a.D."

Sandfangzäune – sie bestehen aus kleinen Hölzern und Reisigbüscheln – dienen dem Auffangen von Flugsand vor den Dünen, um diesen bei Sturmfluten mehr Schutz zu bieten. Bei einer Führung am Strand wunderte sich ein Teilnehmer, Lehrer dazu: "Warum stehen die denn da? Sollen hier etwa noch Gärten angelegt werden?"

Wo denn hier bitte das Museum sei, fragen gelegentlich Urlauber die Wirtin des Restaurants im Morsumer Dorfhaus. Womit sie sich buchstäblich irren: Denn der Name "Muasem Hüs" bedeutet in friesischer Sprache "Morsumer Haus" – und ist kein Museum mit einem Schreibfehler...

In der facebook-Gruppe "Altes Sylt" notierte 2021 eine Sylterin über ihre Kindheit: "Ich kann mich noch erinnern, wie verblüfft die Badegäste waren, wenn ich auf die Frage 'Und woher kommst du?' antwortete: 'Äh ... na, von hier.' Noch schlimmer fand ich es, wenn sie dann sagten: 'Was?? Eine echte Eingeborene? Das sieht man dir gar nicht an.' Wie haben die sich denn bitte schön eine Sylterin vorgestellt?"

Es weihnachtet in deutschen Landen von Jahr zu Jahr früher. Schon im September stapeln sich in den Regalen der Supermärkte Lebkuchen und Dominosteine. Auf Sylt indes kommen einige Gäste bereits im Hochsommer auf den Geschmack: "Unsere Zimtsterne sind ein Renner", sagt Klaus Funke, Geschäftsführer der Westerländer Bäckerei Abeling, in der alljährlich über 100.000 Stück des Gebäcks produziert und zum Großteil bundesweit verschickt werden. Und nicht selten komme es vor, offenbart Klaus Funke, dass "im Sommer Urlauber vom Strand zu uns kommen und nach den Zimtsternen fragen."

Buon appetito: Passend zu einer neuen, italienischen Schmuckkollektion veranstaltete ein Kampener Juwelier einen festlichen Abend, der durch italienische Spezialitäten kulinarisch treffend bereichert werden sollte. Ein italienisches Restaurant wurde für das Catering schnell gefunden. Doch dann kam der Ball ins Spiel. Genauer gesagt der Fußball, mit dem sich die italienische Mannschaft aus der gerade stattfindenden WM kickte. Das hatte Auswirkungen bis ins ferne Kampen: "Am Tag vor der Veranstaltung besuchte ich zur letzten Abstimmung das Restaurant – doch der italienische Wirt hatte in seiner Trauer über die Niederlage einen Koffer gepackt und war nach Italien gefahren. Für unbestimmte Zeit", erinnert sich der Juwelier. Dennoch blieb keiner der 200 geladenen Gäste hungrig – ein Restaurant aus der Nachbarschaft sprang kurzerhand ein.

Der Wenningstedter Denghoog, stolze 5000 Jahre alt, ist das einzige Sylter Steinzeitgrab, das besichtigt werden kann. Doch nicht jeder hat hier den Durchblick: Der damalige Denghoog-Betreuer Bernhard Ipsen schilderte schmunzelnd: "Einmal tastete sich eine Lehrerin durch das dunkle Grab und monierte, dass sie ja gar nichts sehen könne. Ich empfahl ihr dann, doch mal die Sonnenbrille abzunehmen."

Diese als "Heimatabend mit viel Musik" bezeichnete Aufführung des Schleswig-Holsteinischen Landestheaters im Oktober 2022 in Westerland hatte es in sich, nahm sie doch die Urlauber im Publikum kräftig auf die Schippe. Zum Inhalt des Stücks konstatierte das Landestheater: "Wir müssen es ja zugeben: Ohne Gäste geht es nicht. Aber mit ihnen ist es oft schwer auszuhalten. Die von oben aus Dänemark und Schweden wollen meistens nur trinken. Die von unten aus Bayern und aus NRW, die wollen das auch. Aber dazu wollen sie unseren Strand, unseren Matjes und unsere Krabbenkönigin. Und dann beschweren sie sich bei Ebbe, dass das Meer dauernd weg sei." Das Stück mit dem markanten Titel "Fischbrötchenblues" erzähle "Geschichten vom Verkehr mit den Fremden zwischen Kurkartenkontrolle und Beachparty – und über Fluch und Segen, dort zu leben, wo andere Urlaub machen."

Nichts fürchten die Sylter Fremdenführer mehr als Besserwisser. Einer von ihnen erlebte dies: "Im Rahmen einer Inselrundfahrt mit dem Bus machte unsere Gruppe Station in Hörnum. Ein Berliner Ehepaar stellt dort im Brustkorb der Überzeugung fest, nunmehr endlich am Ostseestrand zu stehen. Da half auch nicht der Einspruch einer anderen Teilnehmerin: 'Ostsee? Wir sind hier auf Sylt, und die Insel liegt mitten in der Nordsee. Haben Sie das denn noch nicht gemerkt?', keifte die ältere Dame." Später schweiften die Blicke der Gruppe am Lister Strand hinüber zum dänischen Festland. Das Berliner Ehepaar indes war "felsenfest davon überzeugt, Helgoland zu sehen. Geografische Hinweise von mir und anderen halfen nichts." Schließlich verabschiedete sich das Paar mit den Worten: "Das werden wir genau überprüfen. Sie hören von uns!"

Als die Medien 1988 über aggressive Algen in der Nordsee berichteten, deren Giftstoffe Fische töten können, fragte eine besorgte Urlauberin im Tinnumer Touristbüro: "Sagen Sie mal, greifen diese schrecklichen Killeralgen auch nach badenden Kindern?"

Alkoholisiert

Zwar kein böses, aber ein peinliches Erwachen gab es für eine Urlauberin in Morsum. Während ihr Gatte sich schon zur Nachtruhe gebettet hatte, feierte sie bei einem Gartenfest ihrer Vermieter noch ein wenig länger und war den Getränken nicht abgeneigt: In stark angeheitertem Zustand tastete sie sich später im Dunkeln ins Zimmer, legte sich ins Bett und schlief sofort ein. Als die Gute am Morgen durch ein lautes Schnarchen erwachte, registrierte sie mit Schrecken einen fremden Mann neben sich im Doppelbett. Tatsächlich hatte sie die Zimmertür verwechselt – und neben dem Großvater ihres Vermieters genächtigt.

Viele Jahre war Hans-Jürgen Widmayer auf Sylt als ADAC-Abschleppfahrer auf Achse – und wurde bisweilen unsanft aus dem Schlaf gerissen: "Da rief mich einmal nachts um drei Uhr ein Betrunkener an und lallte: 'Kommen Sie bitte schnell, mein Toaster liegt im Graben.' Ich antwortete nur: 'Tut mir leid, kann nicht kommen – meine Kaffeemaschine springt nicht an'."

Im Urlaub auf Sylt wird legere Kleidung bevorzugt. Doch sollte man es damit nicht übertreiben. So geschehen im Sommer 2000, als die Polizei bei Keitum frühmorgens einen lediglich mit Unterhose und Unterhemd bekleideten Mann aufgriff. Wie sich herausstellte, war der 34-jährige Hamburger nach durchzechter Nacht auf eine ungewöhnliche Idee verfallen. Auf einem

Munkmarscher Bauernhof entwendete er einen Trecker, tuckerte gemächlich nach Keitum und nahm ein Bad im Wattenmeer. Warum der betrunkene Zahnarzt nur in Unterwäsche auf Achse war, konnten die Polizeibeamten indes nicht klären.

Jedes Jahr verstärken so genannte Bäderpolizisten das Sylter Polizeirevier. Und die staunen bisweilen über ihr Klientel: "Da gibt es doch tatsächlich angetrunkene Autofahrer, die sich bei einer Kontrolle empören: Sie hätten Urlaub und außerdem Kurtaxe bezahlt", erzählte eine Bäderpolizistin kopfschüttelnd.

Aus einem Zeitungsbericht der 1970-er Jahre: "Eine Wochenend-Gesellschaft aus dem dänischen Sonderburg ordnete eines ihrer Mitglieder dazu ab, in der Spielbank Westerland mit den letzten zehn Mark aus der gemeinsamen Kasse das Glück zu versuchen. Der Mann soll nach einer halben Stunde soviel gewonnen haben, dass man in Westerland noch heute von der nachfolgenden Tournee der Sonderburger durch die Vergnügungslokale Westerlands spricht."

Eine ehemalige Mitarbeiterin der Westerländer Kurverwaltung erinnert sich schaudernd an den abendlichen Auftritt eines bekannten Schlagersängers, der zuvor zu viel Alkohol genossen hatte, beim Singen lallte und schließlich auch noch durch einen Fehltritt von der Bühne fiel – um danach unbeirrt weiter zu singen.

Show-Time: In einem Kampener Restaurant bat im Sommer 2022 ein Gast den Kellner, die leeren Weinflaschen – Kostenpunkt jeweils mehrere hundert Euro – nicht abzuräumen. Begründung: Jeder dürfe ruhig sehen, wie gut betucht er sei.

1972 begann die Karriere des Sylter "Fischpapstes" Jürgen Gosch am Lister Hafen mit einem gerade zwei mal zwei Meter großen Verkaufsstand auf Rädern. Weil er zunächst keine Schanklizenz für Alkohol besaß, die Gäste ihn jedoch ständig bedrängten, erfand Jürgen Gosch die "Wahre Fischsuppe": Hochprozentiger Korn mit Zitronenbrause, unauffällig serviert in kleinen Plastikschälchen.

Über viele Jahre hinweg war es bei den Kurkonzerten in der Westerländer Musikmuschel ein beliebter Usus, dass Kandidaten aus dem Publikum Melodien errieten. Das wurde mit Preisen belohnt, wobei diese nicht immer die Richtigen trafen, wie die Presse 1955 vermerkte: "Ein älterer Herr gewann einen Damenbadeanzug, ein kleines Mädchen eine Flasche Aquavit."

Viel Alkohol war auch bei dem schlagzeilenträchtigen Punkertreffen in Westerland im Spiel, das sich über den ganzen Sommer 2022 hinweg zog und heftige Diskussionen auslöste. Die Betroffenen hingegen genossen ihr Dasein. Seine Freude äußerte ein stark angeheiterter Punker gegenüber einem Fernsehreporter: "Wer fährt schon ans Meer, wenn man auf Sylt sein kann?"

Das war Schwerstarbeit: Am Westerländer Strand bewahrte ein Rettungsschwimmer einen betrunkenen Urlauber aus England vor dem Ertrinken – und den Angriffen der nicht minder alkoholisierten Ehefrau. Diese fing an, auf den am Flutsaum liegenden Gatten einzuschlagen und dabei zu schreien "For fuck sake, will you get up!" Der Rettungsschwimmer alarmierte schließlich die Polizei: Eine hilflose Person müsse eingesammelt werden. Oder eher zwei.

Vor geraumer Zeit, die Eingänge des Wenningstedter Steinzeitgrabes Denghoog waren außerhalb der Öffnungszeiten noch nicht abgesperrt, erkor sich eine Gruppe junger Urlauber die dunkle Gruft als Party-Location. Als am nächsten Morgen der Grabwärter erschien, schliefen junge Männer zwischen leeren Alkoholflaschen und Kerzenresten ihren Rausch aus. Es gab ein gewaltiges Donnerwetter – und mit schweren Köpfen wurden die Nachtschwärmer dazu verdonnert, im und rund um den Denghoog jeglichen Müll aufzusammeln.

Pünktlich waren im Sommer 2005 alle Gäste zur Hochzeit von Tennis-Profi Michael Stich und seiner Braut Alexandra in der Keitumer Kirche anwesend, doch bald war bereits eine halbe Stunde vergangen und die Braut immer noch nicht da. Der Schauspieler Jan Fedder bot den Sitznachbarn an, die Wartezeit mit einem Schluck zu überbrücken – er habe einen Flachmann in der Tasche, den er gerne durch die Kirchenbank reichen könne.

Dreist

Selten ist eine Unterkunft auf Sylt so lausig, dass sie dem Gast den Schlaf raubt. Doch eben ein solcher Fall sorgte in Wenningstedt vor Jahren für Aufsehen. Etliche Urlauber beschwerten sich beim Fremdenverkehrsverein über ihr Quartier – und das aus triftigem Grund: Sie mussten für ein 18 Quadratmeter kleines Appartement 186 Mark pro Übernachtung berappen, dafür aber kräftige Abstriche in Kauf nehmen: Das kombinierte Schlaf- und Wohnzimmer war von dem Bad des benachbarten Appartements lediglich durch einen Vorhang abgetrennt und verfügte über eine Toilette, die sich direkt neben der Kochnische befand. Sich Waschen und die Zähne putzen konnten die Gäste nur im Spülbecken der Kochnische. Der Zugang zu dem Appartement war durch einen Kühlschrank halb verstellt und zu guter Letzt war der Raum auch noch fensterlos. Ein solches Qualitätsniveau mochte der Fremdenverkehrsverein den Touristen dann doch nicht länger zumuten und vermittelte das Kleinod fortan nicht mehr.

Sensationsgier ist eine Eigenschaft, von der sich auch der bravste Bürger nicht unbedingt freisprechen kann. Doch man kann es auch übertreiben. Eine Sylt-Urlauberin aus Baden-Württemberg rief im Oktober 2005 nach ihrer Heimkehr in der Redaktion der Sylter Tageszeitung an. Sie hätte während ihres Urlaubs einen Unfall auf der Straße zwischen Kampen und List beobachtet. Ob nicht zufällig auch ein Fotograf der Zeitung vor Ort gewesen sei und man ihr in diesem

Falle ein Foto des Unfalls zuschicken könne? Auf die ungläubige Nachfrage des Redakteurs antwortete die Frau: "Ja nun, das gehört für mich halt irgendwie zu den Urlaubserinnerungen dazu." Allein: Die Zeitung wollte und konnte mit einem solchen Foto nicht dienen.

In Westerland gab es vor etlichen Jahren einen Vermieter, der als rechter Geizhals bekannt war. Seine arglosen Hausgäste wurden nach allen Regeln der Kunst geschröpft. Der Gipfel der Gastfreundschaft: Der Vermieter hatte den Stöpsel aus der Badewanne des Appartements entfernt. Wer baden wollte, musste nachfragen – und bekam den Stöpsel erst gegen eine Gebühr von zehn Mark ausgehändigt.

An eine prominent besetzte Skatrunde erinnert sich ein Sylter Unternehmer: "Eines Tages rief mich ein Freund aus Kampen an: 'Hast du Lust auf eine Runde Skat? Udo Lindenberg spielt auch mit.' Ich natürlich nix wie hin. Wir kloppten ordentlich Karten, und Udo Lindenberg erzählte unermüdlich von seinen künftigen Projekten. Spannend. Ein paar Tage später erfuhr ich dann: Man hatte ihn verhaftet. Der Mann hatte sich dank seiner frappierenden Ähnlichkeit als Udo Lindenberg ausgegeben und unter diesem Namen als Mietbetrüger in mehreren Sylter Hotels gewohnt."

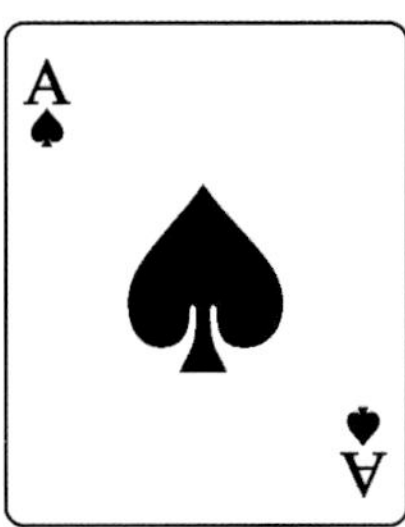

Aktivurlaub liegt im Trend – doch den Aktivitäten sind auch Grenzen gesetzt. So ergab sich zwischen einem Anrufer und der Mitarbeiterin eines Sylter Tourismus-Services folgender

Dialog: "Ich wandere sehr gerne. Ich würde im Urlaub dann auch gerne mal von Sylt zum Festland wandern, geht das?" – "Also, über den Damm zu wandern, ist verboten und durch das Watt dürfte es sehr schwierig werden, das würde ich Ihnen nicht empfehlen. Außerdem ist das Schutzgebiet." – "Aha, danke! Ich werd's dann trotzdem mal versuchen... "

Man kann sich einen netteren Willkommensgruß vorstellen: Im Flur eines Tinnumer Appartementhauses hing 1988 ein Schild, das den Gästen mitteilte: "Hiermit machen wir Sie darauf aufmerksam, dass die Bewohner des Erdgeschosses weder begrüßt noch angesprochen werden möchten. Wir verbitten uns jeglichen Kontakt!" Hintergrund war eine Familienfehde der Hauseigentümer.

Immer mit der Ruhe – zumal im Urlaub. Das sah ein Gast anders, der im August 1992 seinen Pkw-Stellplatz in der Westerländer Andreas-Dirks-Straße besetzt vorfand: Der Mann machte seiner Wut kurzerhand Luft: Er fügte dem fremden Auto tiefe Kratzspuren zu, wobei sich der Sachschaden auf 2500 Mark belief. Bei der Vernehmung zu dem Vorfall habe sich der Mann aus Bayern "absolut uneinsichtig gezeigt", so die Polizei.

Über einen "schlechten Urlaubsscherz" beschwerte sich ein Gast aus Berlin bei der Sylter Tageszeitung im Jahre 1970 per Leserbrief: Er habe vor der Abreise aus seiner Westerländer Ferienwohnung wie mit dem Vermieter vereinbart die vollen Müllsäcke vor die Tür gestellt. Diese habe offenbar ein Unbekannter durchwühlt, dabei einen Briefumschlag mit seiner

Berliner Adresse entdeckt und ihm den Müll kurzerhand in einem großen Karton zugeschickt. "Da das Ganze unfrankiert war, musste ich auch noch fünf Mark Porto bezahlen", klagte der entnervte Mann.

Eine Westerländer Apothekerin ärgerte sich über Touristen, die den nächtlichen Apotheken-Notdienst gleichsam missbrauchen würden: "Da klingeln doch manche mitten in der Nacht, um Hustenbonbons oder eine Zahnbürste zu kaufen."

So hatte sich eine Frau aus Düsseldorf den Urlaubsbeginn gewiss nicht vorgestellt: Sie hatte daheim die schriftliche Zusage für ein Zimmer in einem Westerländer Hotel erhalten. Bei strömendem Regen stand sie 1988 dann vor einer verschlossenen Hoteltür. Als endlich geöffnet wurde, schallte ihr eine Stimme entgegen: "Hier können Sie nicht wohnen." Auf Nachfrage, warum dies denn nicht möglich sei, folgte als Antwort: "Das geht Sie nichts an!"

Mit einem "Drive-in" verwechselte ein dreister Urlauber offenbar das örtliche Lebensmittelgeschäft in Keitum. Der Mann parkte mit seinem Cabrio quer vor dem Eingang und rief lauthals in den Laden hinein: "Ich bräuchte zwei Liter Milch." Die bekam er nicht – wohl aber deutliche Worte von einer Mitarbeiterin.

Vor geraumer Zeit kam es im Kursaal Westerland zu einem Malheur: Einer der nummerierten Plätze war versehentlich zweimal vergeben worden. Während ein gewichtiger Mann schon Platz genommen hatte, reklamierte eine zierliche Dame diesen für sich. Nach einem längeren Wortwechsel griff die resolute Urlauberin zu einem ungewöhnlichen Mittel: Sie setzte sich kurzerhand auf den Schoß des Mannes, was zu lautstarkem Protest des Betroffenen und Heiterkeit bei den Sitznachbarn führte. Doch letztlich fand sich noch ein freier Platz für die Dame – und sogar direkt vor der Bühne.

Und dann war da noch der freundliche Westerländer Hotelier, der unmissverständlich erklärte: "Von 12 bis 18 Uhr bin ich nicht zu sprechen. Ich bin doch nicht der Sklave meiner Gäste!"

Der Sylter Immobilienmakler Eric Weißmann plaudert in seinem 2022 erschienenen, kurzweiligen Buch "Aber bitte mit Reet" aus dem Nähkästchen und berichtet Erstaunliches. Etwa von jenem Kaufinteressenten, der den Immobilienmakler vor Ort in Kampen darum bittet, seine Zigarette auszutreten – die Bastsohlen seiner teuren Schuhe seien dafür doch zu anfällig. Oder jener Käufer, der das Innenleben eines Hauses in Keitum gar nicht erst begutachten will – "ich werde den ganzen Plunder da drinnen sowieso rausreißen und neu gestalten". Oder aber jene Dame, die knapp bei Kasse war und um den Kaufpreis eines Hauses feilschte: "Ich bin alleinerziehende Mutter und es ist nicht leicht, sich mit zwei Kindern durchzuschlagen. Mehr als dreieinhalb Millionen Euro kann ich nicht zahlen, das sind meine gesamten Ersparnisse..."

"Einige Urlauber sind ganz schön kreativ, um die Kurabgabe zu umgehen", konstatierte 2021 eine Westerländer Kurkarten-kontrolleurin. "Mir wurden schon Bustickets, Parkscheine und sogar Pfandbons vorgezeigt."

Wenig charmant war die Beobachtung eines Sylter Stammgastes und Schriftstellers 1997 in einem Westerländer Café: "Früher versorgte die Kellnerin die Gäste an den Tischen noch mit einem freundlichen Lächeln. Doch mit einer zunehmenden Körperfülle, die wir als Ausdruck des sich ausbreitenden Wohlstands der Sylter deuten, begann ihre Veränderung. Inzwischen ist sie so dick, dass sie von ihrem Chef nur noch an der Kuchentheke eingesetzt wird."

Andere Länder, andere Sitten: Der Starter eines Sylter Golfclubs traf vor einigen Jahren zwei Engländer auf dem Platz an, die sich sehr irritiert darüber zeigten, dass dort auch Damen golften. Die beiden Gentlemen schüttelten bedenklich die Köpfe und erzählten, dass auf ihrem heimischen Golfplatz ein Schild stünde. Die Botschaft darauf sei unmissverständlich: "No dogs, no women."

Das Sylter Magazin "Quo vadimus" druckte 1970 diesen unwirschen Leserbrief ab: "Warum gibt es auf Sylt keine FKK-Strände, an denen das Fotografieren erlaubt ist? Außerdem konnte meine Frau in den Westerländer Boutiquen nichts Passendes finden."

Dreist sein und damit nicht hinter dem Berg halten: Eine Urlauberin erzählte im Dezember 2017 in einem Friseursalon in Tinnum stolz, dass sie für den Silvesterabend – dieses Datum bedeutet für die Sylter Lokalitäten Hauptsaison – in gleich drei Restaurants Tische reserviert habe. "Wir entscheiden uns dann ganz spontan."

Hoch hinaus wollten zwei leichtsinnige Urlauber, denen der Alkohol anscheinend Flügel verlieh: Im August 2021 hatten die 24 und 29 Jahre alten Männer nach einer Zechtour gegen 4.30 Uhr einen 25 Meter hohen Baukran auf einer Baustelle an der Westerländer Böttícherstraße erklommen. Erst als die alarmierte Feuerwehr eine Drehleiter zur Höhenrettung ausfuhr, bequemte sich das Duo, hinab zu steigen – stoppte dann jedoch auf halber Strecke, um mit dem Handy Selfies aufzunehmen. Konsequenz der riskanten Kletterpartie: Eine Anzeige wegen Hausfriedensbruchs und eine Rechnung für den Feuerwehreinsatz.

Eines Nachmittags im Sommer beförderte ein Taxifahrer zwei junge Urlauberinnen nach Kampen. Die hatten in der Nacht zuvor ordentlich gefeiert und ihre zuvor abgestellten Leihräder nicht mehr gefunden. Nun ließen sie sich durch das Dorf chauffieren, hielten nach den Drahteseln jedoch vergeblich

Ausschau. Als der Taxifahrer schlussendlich kassieren wollte, entgegneten die Frauen treuherzig: "Warum sollen wir bezahlen? Wir haben die Räder ja nicht gefunden!"

Eine Landstraße ist kein Parkplatz. Oder doch? Meinte zumindest ein auswärtiger Autofahrer, der im Sommer 2020 auf der Chaussee zwischen Keitum und Archsum – hier sind 100 km/h zulässig – hinter einer Kurve für ein paar Minuten stoppte. Der triftige Grund: Seine Beifahrerin warf aus dem geöffneten Seitenfenster eifrig Brotstücke in Richtung eines grasenden Rehs.

Mundraub der Neuzeit: Die Messlatte bei der Qualität der Fotografien sei sehr hoch, unterstreicht der Sylter Ansichtskarten-Verleger Frank Rosemann, den dafür eines ärgert: Wenn er sieht, wie Urlauber seine Ansichtskarten in den Kartenständern der Geschäfte abfotografieren und dann portofrei auf ihren Handys als Urlaubsgrüße verschicken.

Schneller als die Polizei erlaubt: Mit 120 km/h, so schätzten Polizeibeamte, raste im Mai 1986 nachts ein 23-jähriger Autofahrer durch Westerland. Dabei hatte er es offenkundig so eilig, dass er ausgerechnet einen Streifenwagen überholte. Der nahm die Verfolgung auf und stellte den Raser schließlich: Der Urlauber aus Hannover hatte seinen Wagen geparkt und sich auf dem Rücksitz versteckt. Nun durfte er dafür auf dem Rücksitz des Streifenwagens Platz nehmen.

Im Norden der Insel fand eine Sylt-Liebhaberin ein passendes Zweithaus. Bald darauf wies sie den Hausmeister an, zwei Bäume zu fällen. Kleine Crux: Die Bäume standen gar nicht in ihrem Garten, sondern am Rande eines öffentlichen Wäldchens nebenan. "Na und?", war die Reaktion der Dame. Die Bäume würden ihr durch die abendlichen Schatten schließlich den Sonnenuntergang auf der Terrasse verderben...

Eiskalt erwischte es im Sommer 2021 einen Sylt-Urlauber, dessen Laune sich beim Besuch eines Westerländer Strandbistros merklich abkühlte: Er habe zunächst ein Glas Weißwein bestellt und dann noch ein paar Eiswürfel. Die ihm dann mit 1,50 Euro in Rechnung gestellt worden seien.

Die Sehnsucht vieler Stammgäste nach Sylt ist groß – leider auch in Krisenzeiten. Mit der Corona-Pandemie trat im Frühling 2020 für einige Wochen ein Betretungsverbot für Auswärtige in Kraft. Das wollten aber nicht alle akzeptieren und ließen sich zum Teil Abenteuerliches einfallen: Sylter Privatvermieter versuchten, in ihren Fahrzeugen Gäste nach Sylt einzuschleusen, andere Sylt-Fans beantragten erfolglos, ihren Zweitwohnsitz auf Sylt rasch zum Erstwohnsitz zu erklären. Und es ging auch noch eine Spur kesser, wie Nikolas Häckel zu berichten wusste: "Manche Sylter haben zum Schein Arbeitsaufträge erstellt, damit Urlauber unter dem Deckmantel beruflicher Tätigkeit auf die Insel kommen konnten", konstatierte der Bürgermeister der Gemeinde Sylt kopfschüttelnd.

Warum die eigene Waschmaschine benutzen, wenn ich doch bald in Urlaub fahre? Immer öfter, so die Mitarbeiterin einer Sylter Appartementvermietung, komme es vor, dass Urlauber nicht wie bis dato üblich als erstes nach dem WLAN-Passwort fragen, sondern nach dem Standort der Waschmaschine – und diese schon kurz nach Ankunft läuft. Denn immer häufiger befände sich Schmutzwäsche von daheim im Gepäck der Gäste. Es sparen dabei sogar auch jene, die doch eigentlich gut betucht sind. So flog ein Ehepaar mit dem eigenen Privatjet ein und fragte bei seinem Westerländer Hotelier an, ob man kurz eine Kleinigkeit waschen lassen könne. Es handele sich vermutlich um eine Bluse oder ein anderes Kleidungsstück, vermutete der Hotelier, und nickte freundlich. Es war dann aber doch etwas mehr als eine "Kleinigkeit": Der große Korb des Zimmermädchens quoll fast über.

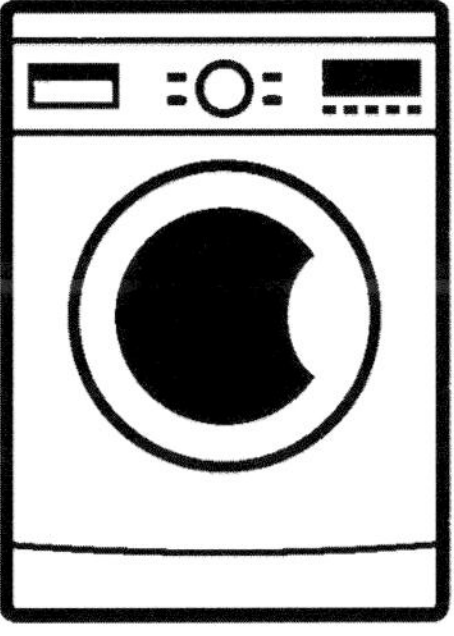

Ob er wisse, wem das Feld neben seinem Domizil gehöre, wollte ein Zweitwohnungsbesitzer von einem Morsumer erfahren. Warum dies? Nun, da lägen sechs Strohballen, die ihm die Sicht auf die Kirche versperren würden – es wäre doch schön, wenn der betreffende Bauer die Ballen hundert Meter weiter abladen würde.

Kostspielig

Von den exaltierten Vorlieben mancher Gäste können auch die Angestellten eines vornehmen und traditionsreichen Sylter Hotels ein Lied singen: So konnte sich der Küchenchef noch gut an jene vermögende Dame erinnern, die im "Rolls Royce" vorfuhr und der Limousine gemeinsam mit einem Mops entstieg, dessen Hals ein Diamantenhalsband zierte. Damit nicht genug: Frauchen ließ nur vom Besten servieren. Filetsteak oder Seezunge waren für ihren vierbeinigen Begleiter gerade gut genug.

Schnäppchen: 1966 wurde das Kurhaus in Kampen abgerissen. Gegen eine Gebühr von zehn Mark konnte jeder Interessent Inventar mitnehmen. Ein junger Organist, der gerade auf der Insel weilte, lieh sich von einem Bauern flugs einen Trecker mit Anhänger und transportierte aus dem Kurhaus einen schneeweißen Steinway-Flügel ab. Ein lohnender Kauf: Heute müsste man für ein solches Instrument etwa 50.000 Euro berappen.

Happiger Preis für ein paar Happen: Im Jahr 2003 klagte ein Urlauber: "In einem Kampener Restaurant war ich für einen Brathering mit Bratkartoffeln mit 38 Euro dabei. Zuhause hätte ich die Polizei geholt."

Hoch hinaus ging es überraschend für den Lister Gästeführer Rolf Paulsen: "Das war wirklich die ungewöhnlichste Wattführung, die ich erlebt habe. Ich wurde von einem sehr wohlhabenden Gast persönlich gebucht. Doch statt zur Küste ging es zum Sylter Flughafen: Aus der Vogelperspektive erklärte ich ihm dann, welch ungewöhnlicher Lebensraum sich unter uns ausbreitete."

Ein Platz an der Sonne ist bisweilen teuer. So erinnerte sich eine Urlauberin an das Jahr 1966, als sie mit ihren Eltern in Kampen weilte: "Den brummigen Strandkorbwärter an der Buhne 16 musste man stets mit einem 50 Mark-Schein schmieren, um überhaupt einen der begehrten Strandkörbe zu bekommen. Mein sonst immer sehr korrekter Vater zahlte, ohne die Miene zu verziehen, ja, er bedankte sich sogar noch artig."

Weitblick ohne Weitsicht: Weil zwei junge Urlauber im Alter von 18 und 19 Jahren die Rückfahrt mit dem Autozug im September 2022 besonders intensiv genießen wollten und sich deshalb mit ihren Oberkörpern aus dem geöffneten Schiebedach ihres Porsches reckten, legte der Zugführer eine Schnellbremsung ein. Die Freiluft-Fans mussten daraufhin mit einem Strafverfahren wegen gefährlichen Eingriffs in den Bahnverkehr und einem saftigen Bußgeld rechnen.

Braungebrannt erschien ein Sylt-Urlauber im August 1979 auf der Hamburger Davidwache und ersuchte um eine Zelle als Nachtquartier. Der 31-jährige Rheinländer berichtete den erstaunten Beamten, dass er in der Firma seines Chefs 14.000 Mark unterschlagen und diese im Urlaub verjubelt habe. Nun habe er nur noch ganze 14 Mark im Portemonnaie und sei mit seinem "Latein am Ende".

Selbst im Sylt-Urlaub braucht es mal Abwechslung. Dachte sich auch ein Herrenquartett älterer, wohlhabender Stammgäste. Man traf sich auf einem Sylter Golfplatz morgens zum Spiel, als einer der Männer sagte: "Ich würde eigentlich gern mal wieder auf einem ganz anderen Platz spielen." Gesagt, getan: Einer der Golfer hatte auf dem Sylter Flughafen seinen Lear-Jet geparkt. Was geschah? Das Quartett hob ab, flog nach Schottland, spielte dort eine Runde Golf und landete zum Abendbrot wieder auf Sylt.

Groß ins Spiel kommen wollte auf Sylt auch ein vermeintlicher Investor, der der damaligen Westerländer Bürgermeisterin Petra Reiber einen ausführlichen Brief schrieb. Er sei auf den Verkauf von Obst und Gemüse in Wüstenländer spezialisiert, was ihm einen erklecklichen Jahresumsatz von 140 Milliarden Euro beschere. Nun suche er auf Sylt Bauland für drei Büro-Hochhäuser und 2000 Wohnungen. Der Investor entpuppte sich nach kurzer Nachforschung jedoch als ausgesprochen finanzschwach: Er saß gerade als Sträfling in einer Justizvollzugsanstalt ein.

Wie gewonnen, so zerronnen: Der bekannte Schriftsteller Stefan Zweig wurde 1922 während des Urlaubs auf Sylt von der galoppierenden Inflation überrascht und ächzte: "Ich sandte meinem Verleger ein Manuskript, an dem ich ein Jahr lang gearbeitet hatte. Als der Scheck überwiesen war, deckte er kaum das Porto, das ich für die Übersendung des Manuskripts bezahlt hatte."

Nur Fliegen ist schöner – und auch etwas teurer als der Landweg. Mal eben einen Privatjet für 10.000 Euro (inklusive Mehrwertsteuer) mieten, um sich von

Monaco zum Mittagessen mit Freunden nach Sylt fliegen zu lassen, oder aber den verletzten Haushund für eine Operation bei der Tierärztin des Vertrauens von Mallorca nach Sylt zu bringen (Kostenpunkt: 14.500 Euro) – nun ja, manchmal muss es eben etwas schneller gehen...

Wenn das Auto schon so teuer ist, dann kann man doch wenigstens am Benzin sparen. Meinte auch ein millionenschwerer Sylt-Stammgast aus Aachen: "Ich habe auf der Insel einen Rolls Royce Corniche IV stehen. Den fahre ich aber nur einmal im Jahr, nämlich an meinem Geburtstag. Und fahre dann immer zum selben Restaurant."

Nicht kleckern, sondern klotzen: Gern sprach Keitums damaliger Pastor Traugott Giesen die Gemeinde im Gottesdienst direkt an: "Ihr habt doch bestimmt viel Urlaubsgeld im Portemonnaie – ich will es im Klingelbeutel also nicht klimpern, sondern rascheln hören..."

Er ist ein Sylter Original und ein geschäftstüchtiges dazu. Als Butler John Weber seine dienstbare Tätigkeit vor Jahrzehnten begann, soll die Kasse ordentlich geklingelt haben: Am Kampener Strand habe er der High Society in Lackschuhen und mit Melone schon mal eine einzelne Frikadelle auf dem Silbertablett serviert. Den Spaß hatte sich laut Weber manch einer tausend Mark kosten lassen.

Diese Episode verdient die Überschrift "Teurer Fernverkehr": Sieben Tage lang verbrachte ein Gast aus Baden-Württemberg 1998 seinen Urlaub auf Sylt – von der Insel selbst hat er in dieser Zeit jedoch nicht viel gesehen: Der Mann, der sich unter falschem Namen in einer Wenningstedter Pension einquartiert hatte, hinterließ nämlich nicht nur Mietschulden in Höhe von knapp tausend Mark, sondern auch eine saftige Telefonrechnung: Rund 13.000 Mark hatte der Mann vertelefoniert, wobei er die kostspieligen Erotik-Hotlines unter der Vorwahl 0190 bevorzugte. Die Gesamtdauer der Telefonate betrug 61 Stunden – somit hatte der Mann an jedem Tag mehr als acht Stunden am Telefon gesessen. Bevor dem triebhaften Gast die gesalzene Rechnung präsentiert werden konnte, machte sich der Zechpreller schnell aus dem Staub. Wenig später konnte die Kripo die Identität des 35-jährigen Telefon-Neurotikers jedoch ermitteln.

Das hatte ein langjähriger Westerländer Gastronom auch noch nicht erlebt: "Ein Gast unseres Restaurants hatte einer jungen Bedienung eine beträchtliche Summe angeboten, wenn sie für ihn auf dem Tresen strippen würde. Das ließ sie sich nicht zweimal sagen. Ich war doch sehr erstaunt, als ich von der Küche um die Ecke kam und diesen Anblick sah."

Mit ausgesuchten Worten, wie könnte es anders sein, beschrieb der "Literaturpapst" und gefürchtete

Buchkritiker Marcel Reich-Ranicki seine erste Stippvisite auf Sylt 1967: Damals sei er bekleidet am FKK-Strand gewandert und habe "einige Quadratkilometer Schamhaar erblickt", sein Auge aber nur auf die Literatur geworfen...

FKK am Strand ist gut und schön – an anderen Orten freilich etwas deplatziert. Davon wusste ein Sylter Busfahrer zu erzählen: "Im Sommer hielt ich in List an der Haltestelle beim FKK-Strand. Tja, das hat eine junge Frau wohl zu wörtlich genommen, die splitternackt in den Bus einstieg. Die anderen Fahrgäste haben natürlich nicht schlecht gestaunt. Ich habe sie dann nett gebeten, sich doch bitte etwas überzuziehen."

Ein schnöder Urlaubsgruß brachte den Stein ins Rollen – und bereitete den geschäftstüchtigen Sylter Buchhändlern und der gestrengen Justiz arge Bauchschmerzen. 1956 war's, als die Buchhändler unvorsichtig wurden. Dabei hatten sie kurz zuvor die ausdrückliche Auflage erhalten, die bis dato öffentlich ausgestellten Ansichtskarten mit Nacktmotiven fortan nur noch auf besonderen Wunsch und ausschließlich unter dem Ladentisch zu verkaufen – mit Rücksicht auf die "öffentliche Moral". Aber wie das so ist: Mit der Zeit geriet der fromme Wunsch der Obrigkeit in Vergessenheit und überhaupt: Wo kein Kläger ist, da ist auch kein Richter. Also stellte man die weiblichen Reize wieder ungeniert zur Schau und das Geschäft boomte. Bis zu jenem folgenschweren Tag im Sommer 1956, an dem ein Urlauber aus Süddeutschland Gefallen an einer Ansichtskarte und den darauf abgebildeten nackten Tatsachen fand. Das war ein Urlaubsgruß so recht nach seinem Geschmack – und ab ging die

Post. Der Adressat aber, ein Kegelbruder, mochte die Begeisterung nicht teilen. Er fühlte sich in seinem "Ehrgefühl gekränkt" und reichte Beschwerde beim zuständigen Innenminister ein. So kam es im September 1956 zur Verhandlung vor dem Westerländer Amtsgericht. Und tatsächlich: Der Richter erkannte einen "Verstoß gegen das Gesetz über die Verbreitung jugendgefährdender Schriften", beschlagnahmte bei dem betreffenden Buchhändler 74 hüllenlose Ansichtskarten und verhängte eine Geldstrafe in Höhe von 30 Mark. Das letzte Wort aber war damit nicht gesprochen: Der Staatsanwalt legte Revision ein. Prompt revidierte das Oberlandesgericht Schleswig die umstrittene Entscheidung und verwies die Angelegenheit zur erneuten Verhandlung ans Westerländer Amtsgericht zurück. Das Urteil war ein salomonisches. Die gerichtlichen Anstrengungen wurden eingestellt, die Ansichtskarten wieder unter die Ladentheken verbannt. Somit blieb letztendlich alles beim Alten. Denn nicht allzu lange fristeten die Objekte der Begierde ein Schattendasein – bald schon prangten sie erneut in den Schaufenstern und an den Kartenständern. Der Zeitgeist hatte wieder einmal gesiegt.

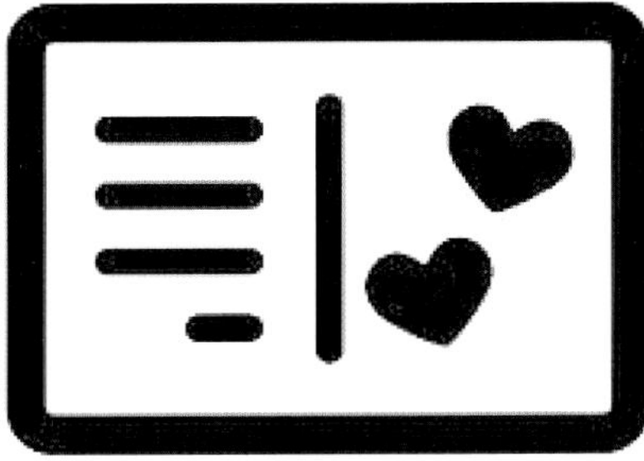

Eile mit Weile – dachte sich offenkundig ein junges Hochzeitspaar, das in einer Westerländer Pension Quartier bezogen hatte. Vermieterin Ruth Wagner erinnerte sich später schmunzelnd: "Als unsere Familie am Abend der Hochzeit vor dem Fernseher saß, klopfte es an der Wohnzimmertür. Der Bräutigam war es und fragte vorsichtig: "Haben Sie vielleicht Spielkarten da? Meine Frau und ich spielen so gerne '66', das macht uns immer so viel Spaß." Nun, wir gaben ihm Karten und wunderten uns doch ein wenig, wie das Paar so seine Hochzeitsnacht verbrachte."

Ob es für ihn auf Sylt mal ein besonderes Erlebnis gegeben habe, wurde Sänger und Sylt-Stammgast Udo Lindenberg in einem Interview gefragt. "Nun, dass ich am FKK-Strand von ausgerasteten Triebtäterinnen sexuell angefallen wurde und in die Brandung flüchten musste."

1954 fielen in Westerland die letzten Hüllen, als der erste FKK-Strand eröffnet wurde. Dieser lockte jedoch nicht nur Naturisten, sondern auch unerwünschte Zaungäste an. Einer der Anhänger der Freikörperkultur, ein Hamburger Fabrikant, erinnerte sich Jahre später: "Textilianern, die mit Fotoapparaten am FKK-Strand erschienen und fotografierten, wurden die Filme aus den Kameras genommen und ins Meer geworfen. Es ging sogar soweit, dass von List aus drei Mal wöchentlich ein Schiff bis nach Westerland schipperte, um hier uns Nackte am FKK-Strand zu sehen. Eines Tages wurde es zu bunt: Einige von uns holten sich verfaultes Obst, bestiegen damit ein Schlauchboot und bewarfen die Spanner. Das war dann das Ende der Ausflugsfahrten zum FKK-Strand." Selbst das "Hamburger Abendblatt" berichtete von einem kurzweiligen Zwischenfall: "Der Strand für Freikörperkultur in Westerland war Schauplatz eines schweren Tumults. 300 Nackedeis stürzten sich auf einen Strandbesucher, der versucht hatte, mit seiner in einem Kofferradio eingebauten Kamera Aufnahmen zu machen. Sie rissen ihm 250 Meter

Filmband aus der Kamera und jagten ihn aus dem Paradies." Doch traf der Zorn der Nackten auch mal die Falschen: Als Mitarbeiter des Geologischen Instituts Kiel 1968 vor dem Strand Vermessungen des Meeresbodens vornahmen, wurden sie unvermutet mit Steinen beworfen: Aufgebrachte FKK-Anhänger hatten die Geräte fälschlicherweise für Fernsehkameras gehalten.

Der Erotik war es auch geschuldet, dass sich der bekannte Kampener Gastronom Pius Regli als junger Kerl für Sylt erwämte: "Eigentlich wollte ich ja nach Ibiza. Aber dann sah ich den Softsexfilm 'Heißer Sand auf Sylt' mit Horst Tappert im Kino und war von den hübschen Mädels und der Lebensart dermaßen angetan, dass ich meine Pläne kurzerhand umstieß."

Für die Lehrer, die in den 1970-er Jahren mit auswärtigen Schulklassen Quartier im Westerländer Jugendlager Dikjen-Deel bezogen, gab es eine unerquickliche Aufgabe: Sie mussten FKK-Anhänger, die am Flutsaum spazierten, bitten, für den 500 Meter langen Abschnitt des Jugendstrandes ihre Badekleidung anzuziehen (sofern sie denn überhaupt welche dabei hatten...). So wollte man den Nachwuchs vor nackten Tatsachen bewahren. Und falls doch einmal ein Nackter in Sicht kam, pflegte der Heimleiter von Dikjen-Deel zu den staunenden Kindern zu sagen: "Das sind ganz arme Leute, die haben nichts anzuziehen."

Da die Sylter Tierärzte einen 24-Stunden-Notdienst anbieten, müssen sie auch mal mitten in der Nacht aufstehen. Nicht immer erweisen sich die Alarmierungen jedoch als dringlich – auch manch bizarre Notfälle riefen etwa die Tierärztin Stephanie Petersen zu unpassendster Stunde auf den Plan: Einmal war's eine Maus mit Atemnot, einmal ein Hamster mit einem tränenden Auge. Na dann: Gute Nacht.

Manchmal können sich die Rettungsschwimmer, die an Sylts Stränden postieren, ein Grinsen nicht verkneifen: Immer dann, wenn ein Badegast die Rückenflosse eines harmlosen Schweinswals für die eines gefährlichen Hais hält.

Möwen gehören zum Meer wie die Sonne zu Sylt, doch sind sie auch wahre Plagegeister, da sie Jagd auf alles Fressbare machen. Umso mehr wunderte sich der Sylter Fremdenführer Klaus Lorkowski über den harschen Einwand eines Teilnehmers: "Ich bin jetzt zehn Tage auf Sylt und habe noch keine einzige Möwe gesehen. Zeigen Sie mir endlich eine!" Ein anderer Teilnehmer der Gruppe musste lachen: "Kaufen Sie sich doch mal ein Fischbrötchen und spazieren Sie damit über die Friedrichstraße. Dann machen Sie ganz fix Bekanntschaft mit Möwen."

Dass die Hühner ihres Hofs in Morsum eines Tages geschlachtet werden, ist der übliche Kreislauf des (Tier-)Lebens. Einem recht merkwürdigen Ansinnen verweigerte sich Seniorchefin Silvia Brüggemann allerdings strikt: "Da wollte ein Zweithausbesitzer ein Huhn kaufen, das bei einer Fete in Kampen als Partygag auf dem Buffet rumspazieren sollte. Er ging mit leeren Händen."

Anno 1864 stattete ein vornehmer Gast namens Graf Adelbert von Baudissin der Kampener Vogelkoje einen Besuch ab; dabei entspann sich zwischen ihm und dem Kojenwärter der folgende drollige Dialog:
"Wie viele Enten fangt Ihr jährlich?"
"Na, verschieden. Ein Jahr mehr, ein ander Jahr weniger. Das meiste, was ich in einer Woche gefangen, waren zweitausend."
"Wie lange seid Ihr denn schon Entenfänger?"
"Einunddreißig Jahre."
"Und wie viel Lohn bekommt Ihr?"
"Achtzig Thaler und freien Entenbraten."
"Freien Entenbraten? Wieviel esst Ihr denn?"
"Vier, wenn sie aber zu fett werden, nur drei."
"Vier Enten? Wann? Jede Woche? Jeden Monat?"
"Jeden Tag! Morgens thue ich eine in die Pfanne, mittags eine, und abends verschnabuliere ich zwei."
"Gott steh' mir bei. Wie lange dauert der Fang jährlich?"
"Drei bis vier Monate."
"Also esst Ihr jeden Herbst gegen vierhundert Stück Wildenten?"
"Ja, so um vierhundert, ein paar mehr oder weniger."
"Das macht in einunddreißig Jahren zwölftausend Stück. Himmlischer Vater! Wie kann man denn zwölftausend Wildenten im Leibe haben, ohne Schwimmfüße und Federn zu bekommen?"

Missmutig blickte ein Urlauber bei einem Spaziergang durch die Keitumer Wiesen immer wieder zu einem älteren Sylter herüber. Dabei rief der nur seinen Hund herbei. Doch wie hieß dieser Vierbeiner? "Badegast".

Dinner for Dogs: Im Nobeldorf Kampen war man im Sommer 2004 auf den Hund gekommen. Zumindest für ein paar Stunden lang. Eine örtliche Geschäftsfrau und erklärte Hundeliebhaberin hatte zum Drei-Gänge-Menü in ein Kampener In-Restaurant geladen – Zweibeiner waren dabei nur als Begleiter erwünscht. 15 Hunde folgten dem Ruf und warteten hechelnd auf das große Fressen. "Legeres Halsband erwünscht" hatte es auf der Einladung geheißen, so erschien der Vierbeiner von Welt an diesem sonnigen Nachmittag locker in Leder oder aber sexy mit Strass. Alle Gespräche drehten sich selbstredend rund um den Hund. "Stell dir vor, neulich habe ich einen Hund gesehen, der an der Vorderpfote eine 'Swatch' trug", erzählte eine Dame ihrer Tischnachbarin aufgeregt. Derweil plagten den nicht minder hundebegeisterten Gastwirt ganz andere Sorgen. In einem unbemerkten Augenblick hatte seine Hündin den Kopf über die Tischkante gestreckt und ein Wasserglas leer geschlabbert. "Der ist verrückt der Hund, der säuft nur 'Pellegrino', da kannst du machen, was du willst", konstatierte der Gastronom. Und dann wurde aufgetischt, das heißt, eigentlich spielte sich das Geschehen mehr unter den Tischen ab. Die Küchenbrigade trug in Näpfen die Vorspeise auf die Terrasse: Innereien mit Reis. Es folgte als Hauptgang Frikadelle mit Fisch, Gemüse und Salatgarnitur, bevor Quark mit Rinderfiletsauce als Dessert das

Mahl abrundete. Der Appetit der Gäste war groß, nur am Benehmen haperte es hier und da: Gierig wurde herunter geschlungen, was mit Liebe angerichtet worden war, und im ungestümen Eifer des Gefechts kippte so mancher Napf um. Aber gemundet hat es wohl allen.

Von einem unerwarteten Fang berichtete die Presse 1968: Auf Beutejagd sprang ein zehn Pfund schwerer Schellfisch an der Sylter Südspitze unachtsam vom Flutsaum auf den Strand. Zwei spazierende Urlauber griffen beherzt zu – am Abend landete der Fisch zuhause auf dem Teller.

Ein begüterter Herr aus dem Ruhrgebiet machte sich in den 1980-er Jahren gerne einen Spaß im Sylt-Urlaub. Er fuhr nämlich ein englisches Luxusauto, in dem sich das Lenkrad rechts befand. Oft platzierte er seinen Schäferhund auf dem vermeintlichen Fahrersitz links und feixte über die verwunderten Blicke von Passanten und Gegenverkehr: Saß da etwa ein Hund als Chauffeur am Steuer?

Wie ein behäbiger Fluss schlängelt sich der Sielzug, der der Entwässerung des Nössekoogs dient, durch die Wiesen von Tinnum bis Morsum. Augenscheinlich eigentlich, dass sich das stille Binnengewässer von der rauen Nordsee merklich unterscheidet. Das sah ein Urlauber 2022 anders. Als er mit seiner Frau an zwei Anglern vorbeiradelte, rief sie ihm zu: "Schau mal, da angeln welche." Worauf der Gatte erwiderte: "Ja, die wollen bestimmt Makrelen fangen."

Flotte Bienen am FKK-Strand – in Wenningstedt durften Sonnenanbeter das im August 1979 wörtlich nehmen: Ein Schwarm von etwa 10.000 Bienen hatte dort einen Strandkorb in Besitz genommen. Ein Keitumer Imker wurde von der Kurverwaltung als Retter in der Not alarmiert. Behutsam gelang es ihm, binnen mehrerer Stunden alle Bienen in Körbe zu verfrachten – ständig umlagert von furchtlosen, neugierigen FKK-Fans.

Er wartete schon darauf, verzehrt zu werden – doch in letzter Minute nahten kleine Lebensretter: Als eine Familie aus Bielefeld im Oktober 2021 ein Hörnumer Restaurant besuchte, entdeckten die Kinder in einem Aquarium einen Hummer. Sie bettelten so lange, bis das Familienoberhaupt das Scherentier kaufte. Und statt auf dem Teller landete es in seinem vertrauten Element: Vorsichtig setzte die Familie den Hummer in die Nordsee, nachdem noch schnell ein Abschiedsfoto geknipst worden war.

"Ei, Ei, Ei Verpoorten" war früher ein bekannter Werbeslogan der gleichnamigen deutschen Eierlikörfabrik. Inhaber Viktor Verpoorten besaß auf Sylt ein Ferienhaus und war hier häufig zu Gast. Als ihm einmal zugetragen wurde, dass ein kleiner Wanderzirkus in Wenningstedt nicht das Geld für die Rückfahrt aus Festland aufbringen könne, sorgte der Unternehmer für eine ungewöhnliche Finanzspritze: Er kaufte dem Zirkus ein Kamel ab.

Jahrelang war "Willi" der Publikumsmagnet im Hörnumer Hafen, bis er nicht mehr gesehen wart. Die zutrauliche Kegelrobbe ließ sich von den Urlaubern nur allzu gern mit Fischen füttern. In Zusammenhang mit "Willi" gibt es folgende Anekdote zu berichten. Dazu muss man wissen: Der damalige Vorsitzende des Sylter Catamaran Clubs hieß Willy Trautmann, beruflich betreibt er am Rantumer Hafen eine Strandkorb-Manufaktur. Als der Vereinswirt eines Tages im Clubheim am Hörnumer Hafen rein Schiff machte, trat eine ältere Urlauberin durch die Tür. Es entspann sich der folgende amüsante Dialog: *"Guten Tag. Ist der Willi da?"*

"Nö."

"Wann kommt er denn wieder?"

"Also meistens ist er nur an den Wochenenden hier."

"Ach so. Und wo ist er jetzt?"

"Der müsste eigentlich am Rantumer Hafen sein."

"Fein. Wie komme ich denn dahin?"

"Am besten mit dem Bus. Ist es denn dringend?"

"Dringend nicht gerade. Wieso fragen Sie?"

"Na ja, zur Not könnten Sie ihn auch telefonisch erreichen."

"Wie bitte??"

Mit dem Lied "Heimweh" gelang Freddy Quinn 1956 der große Durchbruch. Zwei Jahre zuvor sang er zur Freude der Gäste in einem Kampener Tanzlokal – als Gage erhielt er ein Glas Tomatensaft.

Durst hatte auch Heinz Schenk. Es war nämlich stickend heiß im Westerländer Kursaal, wo der telegene Wirt der bekannten Fernsehsendung "Zum Blauen Bock" in den 1980er Jahren eine Veranstaltung moderieren sollte. Dankbar nahm er daher das Angebot eines Mitarbeiters der Kurverwaltung an, für eine Erfrischung zu sorgen. Worauf dieser das Fenster öffnete.

1928 verbringt eine gewisse Maria Magdalena von Losch ihren ersten Urlaub auf Sylt. Zwei Jahre später gelangt die junge Dame unter ihrem Künstlernamen Marlene Dietrich durch den Film "Der blaue Engel" zu Weltruhm. Der Insel hielt sie indes noch viele weitere Jahre die Treue. In dieser Zeit kam es zu einem amüsanten Urlaubserlebnis. Marlene Dietrich selbst hat es 1956 aufgeschrieben: "Ich hatte mir meine geliebte Geige mit nach Westerland genommen, in der festen Absicht, oft zu spielen. Denn in letzter Zeit hatte ich dazu kaum Gelegenheit gehabt. Nun, auf Sylt würde ich das Versäumte nachholen. Gleich am ersten Tag – draußen goss es ohnehin in Strömen – fing ich an. Nach wenigen Takten klopfte es. 'Herein!' Ein schmächtiges Männlein erschien: 'Ach', sagte es verlegen, 'wäre es Ihnen vielleicht möglich, hier in Ihrem Zimmer nicht Violine zu spielen? Ich bin nämlich Musiker und muss mich erholen. Wenn Sie nun aber dauernd spielen… '

Der Mann hatte recht. Ich spielte also weiter – in einem anderen Haus, versteht sich. Aber auch nur einen Tag. Da hatten sich schon so viele Gäste darüber beschwert, dass meine Wirtin mich ersuchte, den Geigenkasten doch lieber nicht mehr zu öffnen. Die Geige wanderte wieder in ihren Kasten. Und kam während der restlichen Wochen auf Sylt niemals hervor. Denn: Kann man in seinem Urlaub wirklich machen, was man will? Nicht unbedingt. Denn das wäre krasser Egoismus. Und egoistisch darf man zwar so oft im Leben sein, wie man will. Es darf nur keinen anderen stören. Das habe ich auf Sylt gelernt... "

Drehbuchautor Wolfgang Menge, der TV-Straßenfeger wie "Stahlnetz" und "Das Millionenspiel" inszenierte, erwog in den 1950er Jahren, ein Grundstück am Kampener Strönwai zu kaufen: "Der Quadratmeter sollte drei Mark kosten. Doch eine alte Kampenerin sagte mir: 'Wolfgang, das ist doch Wucher.' Also ließ ich es bleiben." Epilog: Jahre später wurde das Areal für vier Millionen Mark verkauft.

Dass es heute in Morsum einen Golfplatz gibt, ist auch der Verdienst des Zeitungsverlegers Axel Springer, der die Planungen vorantrieb. Dafür räumte er sich nach dem Bau der Anlage auch gewisse Sonderrechte ein. Lag etwa der Golfball ungünstig, holte er kurzerhand einen zweiten aus der Tasche, mit dem er weiterspielte. An seinem Golfwagen ließ er eine Klingel und eine Hupe anbringen – flog ein Ball gut, hupte er, flog er schlecht, wurde geklingelt. Und war die Flugbahn des Balls mal besonders weit und hoch, dann rief er ihm enthusiastisch hinterher: "Flieg, deutscher Adler, flieg!"

Als die erste Ampel in Kampen installiert wurde, sagte Axel Springer zu seinem Freund Berthold Beitz, seines Zeichens Generalbevollmächtigter des Krupp-Konzerns: "Ich werd' verrückt, das ist ja wie daheim am Ku'damm."

Dass ihn eine bekannte Boulevardzeitung im Jahr 1971 mit der Überschrift "Willy Brandt rettete Wattwanderer!" zum Helden apostrophierte, ließ aufhorchen. Allein: Die Wahrheit stellte sich etwas anders dar. Bundeskanzler Willy Brandt hatte eine Schifffahrt von Sylt zur Nachbarinsel Föhr unternommen. Unterwegs gab es einen außerplanmäßigen Stopp: Der Kapitän hatte auf einer Sandbank zwei Wattwanderer entdeckt, denen die Flut den Rückweg zum Festland abgeschnitten hatte. Sofort wurde der Seenotrettungskreuzer alarmiert, der die beiden Frauen aus ihrer misslichen Lage befreite. Willy Brandt indes hatte davon nichts mitbekommen. Gestärkt mit einem Teller Erbsensuppe hielt er in der Koje des Kapitäns ein Mittagsschläfchen.

Im Jahr 2009 avancierte Wolfgang Schäuble zum Bundesfinanzminister. Entspannung findet der bekannte CDU-Politiker auf Sylt, wo er regelmäßig zu Besuch ist. Gern fährt er dann in seinem Rollstuhl den Radweg am Nössedeich entlang, wo ihm einmal ein älterer Morsumer auf dem Drahtesel entgegenkam. "Moin", grüßte er, doch Schäuble antwortete nicht und fuhr weiter. Aber er kam nicht weit: Der Morsumer machte kehrt um und stellte Schäuble kurzerhand zur Rede: "Also, auch wenn Sie ein Minister sind: Wenn man hier in Morsum gegrüßt wird, dann grüßt man auch zurück." Der Minister bewies Einsicht: "Oh, da haben Sie recht. Kommt nicht wieder vor."

Filmikone Romy Schneider reiste 1968 auf die Insel – zum ersten und letzten Mal. Mit ihrem Ehemann Harry Meyen wohnte sie in Kampen und quengelte: "Alles ist anstrengend hier. Der Marsch durch die Dünen. Die Schlepperei der Badesachen. Der Wind. Und in jeder Welle hängt ein nackter Arsch."

Eine Ikone war für viele auch Gunter Sachs, Playboy und wohlhabender Erbe des Werkes Fichtel & Sachs, der das Image der "Insel der Reichen und Schönen" in den 1960-er Jahren nachhaltig prägte. Geld spielte damals keine Rolle. Wenn etwa eine Strandparty im "Tal der Könige", einem Dünental in Kampen, mal länger dauerte als geplant, dann ging Sachs zum nächsten Telefon und bestellte bei der Sylter Taxenzentrale tief in der Nacht hundert Zitronen für die Cocktails. Nur einmal erlitt der Sunnyboy Schmach. Da wollte er mit Turnschuhen in die Westerländer Spielbank. Die resolute Garderobiere schickte ihn heim. Und auch anderweitig verstieß Gunter Sachs gegen die Bekleidungsvorschriften: Dass er am Kampener FKK-Strand seine Badehose stets anbehielt, verärgerte manchen. Im salzigen Wind flatterten auf Strandburgen Fahnen mit der Aufschrift

"Badehose runter – Gunter!" Später ließ Sachs die Badehose im Kampener Nachtclub "Pony" versteigern. Für 8450 Mark bekam eine Düsseldorfer Witwe den Zuschlag.

Es geschah an einem dieser lauen Sylter Sommerabende. Das Theaterzelt des "Meerkabaretts" war prall gefüllt, die Besucher äugten erwartungshungrig zur Bühne. Doch noch ehe der Sylter Kabarettist Manfred Degen Lunte an sein satirisches Feuerwerk legen konnte, erhob sich im Publikum ein Herr mit Glatze und sprach: "Äh, hallo, Sie da oben. Darf ich mich eben noch kurz umsetzen?" Unerhört. Wer wagt es? Mit einem Blick über den Brillenrand entlarvte Manfred Degen den Übeltäter sofort. Es war ein prominenter Kollege, der ihm ins Wort gefallen ist. Degen zog blank: "Mein Herr", sagte er mit sonorer Stimme, "Leute Ihres Alters werden nicht umgesetzt. Sie werden umgebettet." Das Publikum tobte – und Karl Dall nahm grinsend Platz. Epilog: Der Gefoppte revanchierte sich für den Konter umgehend – und lud Degen in seine Fernsehshow "Dall-As" ein.

Ein populärer deutscher Sänger, der einem guten Tropfen nicht abgeneigt ist, sorgte in einem Sylter Hotel für eine ziemliche Schweinerei. Stark angeheitert von einem nächtlichen Ausflug zurückgekehrt, hatte er noch eine Mousse au chocolat geordert, die er im Bett schlemmen wollte. Dabei fielen ihm jedoch offenkundig die Augen zu: Am nächsten Morgen musste das bedauernswerte Zimmermädchen Bett und Bettwäsche, beides komplett mit Schokoladenschaum besudelt, gründlich reinigen.

1976. Auf Sylt nahm das neue Jahr keinen guten Anfang: Ein Sturmtief fegte am 3. Januar mit bis zu 170 Stundenkilometern über die Insel hinweg. Zum ersten Mal seit der Einweihung des Damms im Jahre 1927 musste der Zugverkehr zeitweilig eingestellt werden. Das brachte ein weiteres Novum mit sich, denn Fernsehmoderator Werner Höfer saß im Urlaub in Kampen fest. Zum ersten Mal musste er das populäre TV-Magazin "Der internationale Frühschoppen" via Telefon moderieren.

Nach einer langen Partynacht in Kampen hatte Popstar Dieter Bohlen einen Helikopter für den Rückflug nach Hamburg gebucht. Doch schneller als gedacht wurde der Sänger auf den Boden der Tatsachen zurückgeholt: "Kurz nach dem Start ging die Tür auf – Notlandung auf einer Sylter Wiese", vermeldete die "BILD"-Zeitung am nächsten Tag und berichtete süffisant: "Dann ging der Spaß erst richtig los: Bohlen wurde von Bullen verfolgt und bekam schmerzhaft zu verspüren, dass der Zaun unter Stromspannung stand."

An einen besonderen Abend auf Sylt in jungen Jahren erinnert sich Andreas Odenwald, Chefredakteur des deutschen "Playboy": Mit Freunden habe man es sich am Kampener Strand bequem gemacht und dann realisiert, dass gleich nebenan Schauspieler Curd Jürgens und Box-Legende Bubi Scholz nebst Begleiterinnen und Champagner in Strandkörben plauderten. Odenwald: "Die Männer steuerten Anekdoten aus ihrem abwechslungsreichen Leben bei. Bubi Scholz ließ uns ungewollt nicht nur an einem seiner spektakulären Siege im Boxring, sondern auch an der anschließenden Siegerehrung mit Schlägerei teilnehmen."

Mit für Sylter Verhältnisse stolzen 26 Metern ist die so genannte Himmelsleiter im Süden Westerlands die höchste Strandtreppe der Insel. Wer die 95 Stufen hinauf erklommen hat, wird oben auf einer Plattform mit einem wunderbaren Ausblick belohnt. Doch nicht alle Besucher konnten das Panorama genießen. Als Fußballtrainer Felix Magath 2009 seine Mannen vom VfL Wolfsburg zum Konditionstraining die Himmelsleiter hoch- und runterrennen ließ, fluchte Stürmer Grafite irgendwann genervt: "Scheißtreppe." Doch er sollte davon profitieren – als Torschützenkönig der Bundesliga sowie Deutschlands "Fußballer des Jahres" 2009.

Beim Insel Sylt Tourismus-Service – vormals die Kurverwaltung Westerland – bewerben sich immer mal wieder spontan Künstler, die in der Musikmuschel auf der Promenade auftreten möchten. Vor etlichen Jahren visitierte ein älterer Mann Tag für Tag die Veranstaltungsabteilung der Kurverwaltung und fragte nach einem vakanten Termin. Schließlich überließ man ihm für einen Nachmittag die Musikmuschel – dass es keine Gage gab, nahm der Mann klaglos in Kauf. Als das Konzert stattfand, staunte Veranstaltungsleiter Jörg Elias nicht schlecht: "Kurz nach Beginn strömten die Menschen von allen Seiten zur Musikmuschel – es wurde ein sensationeller Erfolg." Elias fragte dezent nach, wie die Musikgruppe denn noch mal hieße? Es war die – seinerzeit noch gänzlich unbekannte – Kelly Family.

Zugabe

Nicht nur die gemeine Möwe oder aber Amsel, Drossel, Fink und Star treiben sich auf der Insel herum: Auch einige saisonale Vogelarten sind häufig anzutreffen. Wir haben uns auf die Pirsch begeben und so einige bunte Vögel ins Visier genommen. Bestimmt ist Ihnen der eine oder andere schon mal über den Weg gelaufen respektive geflogen...

Die Nacht-Eule

Wenn andere Urlauber ins Bett gehen, erwachen bei diesem flatterhaften, nachtaktiven Geschöpf die Lebensgeister. Nach einer ausgiebigen Dusche und der langwierigen Qual der Wahl des passenden Outfits schwebt die Nachteule in der Dämmerung wohlparfümiert in der freien Wildbahn ein. Einem Kneipenbummel durch Westerland schließt sich zu später Stunde ein Abstecher nach Kampen an. Der Nacht-Eule graut einzig vor dem Morgengrauen, doch schließlich treibt es auch sie ins Bett, wobei sich ihr schwankender Weg zum Appartement mit den ersten Weiß-Störchen und Rot-Schenkeln *(siehe später)* kreuzt, die bereits in Richtung Strand streben.

Die Nörgel-Schnepfe

Statt sich zu freuen, mal wieder auf ihr geliebtes Eiland reisen zu dürfen, fällt die Nörgel-Schnepfe durch gurrendes Gequengel auf. Das Wetter ist ihr entweder zu warm oder zu kalt, auf dem Krabbenbrötchen liegen nicht genug Krabben, und dieser kesse Vogel scheut auch nicht davor zurück, spätabends den Vermieter anzurufen, weil das Licht im Kühlschrank nicht brennt. Nörgelnd verspricht sich die Schnepfe bei ihrer Abreise, die Insel nie wieder zu betreten, um im nächsten Sommer dann doch wieder keifend einzuschweben.

Die Seh-Schwalbe

Dieses muntere Geschöpf tankt seine Reserven stets nur ein Wochenende lang auf Sylt auf. Da der Vogel in dieser Zeit möglichst viel von der Insel gesehen haben will, ist sein Terminkalender randvoll. Kaum von einer ornithologischen Führung zurückgekommen, saust die Seh-Schwalbe zum Morsum-Kliff, stöckelt kurz durch die Braderuper Heide und nimmt ein rasches Mahl bei Gosch am Lister Hafen ein, denn es wartet bereits eine Schiffsfahrt zu den Seehundsbänken. Nach dem Aufstieg zur Uwe-Düne besucht die Seh-Schwalbe schnell noch zwei Sylt-Vorträge, bevor sie geplättet ins Bett fällt und vom entspannten Büroalltag träumt.

Die Lach-Möwe

Lässt sich auf der Restaurant-Terrasse zumeist genau am Nebentisch nieder. Neben ihrem von der libidinösen Seeluft angestachelten Balzverhalten, dem sich der gutaussehende Kellner erwehren muss, sticht sie durch ihr buntes Federkleid und insbesondere durch ihr lautes Organ aus der anonymen Masse der Vögel hervor: Mit in der Spitze 130 gemessenen Dezibel würde ihr schrilles Lachen sogar eine Kettensäge übertönen. Rasch leeren sich daher die Tische um die Lach-Möwe. Nur der bedauernswerte Kellner kann nicht flüchten und hofft stattdessen – leider vergebens – auf ein anständiges Trinkgeld.

Der Schlemmer-Schnäbler

Seine ausgiebigen Spaziergänge am Flutsaum enden stets in einem Restaurant der gehobenen Kategorie. Den Weg weisen ihm dabei die Gastro-Bibeln "Michelin" und "Gault Millau", die er in seinem Urlaubsnest hütet. Die Zeit zwischen An- und Abreise ist gefüllt mit Lammnieren unter Petersiliengraupen, Wachtelbrüstchen an Kokosnuss-Schaum und Zweierlei Schokoladenmousse mit Estragonsorbet und Portweinkirschen. Mit zusätzlichen sechs Pfund auf den Rippen und einigen Euros weniger auf dem Konto, aber rundum gesättigt schlummert der Schlemmer-Schnäbler letztlich im Flugzeug der Heimat entgegen und träumt dabei von Spiegelei mit Bratkartoffeln.

Der Weiß-Storch

Eine bedauernswerte Gattung unter den saisonalen Vogelarten. So lange er sich auch am Strand in der Sonne räkelt, so ändert sich die Farbe seines Federkleids doch um kaum eine Nuance: Am Ende des Urlaubs ist dieses arme Geschöpf fast genauso weiß wie zu Beginn. Damit ihm die Nachbarn daheim auch glauben, dass er wirklich auf Sylt gelandet ist, schleppt er sich vor der Abreise frustriert ins "Syltness Center" und unterzieht sich einem ausgiebigen "Spray Tanning", das seine Haut schön bräunt.

Der Rot-Schenkel

Ein entfernter Verwandter des Weiß-Storchs. Auch dieser Vogel kann im Strandkorb gar nicht genug Sonne tanken und vergisst schon mal, sein Federkleid mit Sonnencreme zu imprägnieren. Deshalb erinnert die Farbe seiner Haut nach drei Tagen am Strand eher an die glühender Kohlen statt an die eines knusprigen Grillhähnchens. Die folgenden Urlaubstage verbringt der Rot-Schenkel gequält auf der Bauchseite im Bett, während ihm ein Artgenosse die verbrannten Hautpartien nach altem Hausfrauenrezept mit Zitrone einreibt.

Die Rüpel-Rohrweihe

Ihr bevorzugter Lebensraum ist der Sylter Asphalt. Andere Verkehrsteilnehmer duldet diese Pedalritterin neben sich nicht – ausgenommen den Partner. Die Rüpel-Rohrweihe fährt statt auf dem Radweg grundsätzlich mitten auf der Straße, ungeduldiges Hupen der Autofahrer ignoriert sie ebenso geflissentlich wie Fußgänger, die gerade die Straße queren. Verirrt sich dieser angriffslustige Vogel tatsächlich einmal auf einen Radweg, ist der Bangbüxige Brachvogel seine bevorzugte Beute. Dieser ist ein Verkehrshindernis wider Willen. Denn eigentlich möchte dieses schüchterne Tierchen alles richtig machen, doch da es nur einmal im Jahr im Sylt-Urlaub auf dem Drahtesel sitzt, macht es grundsätzlich alles falsch. Besonders sehenswert sind dabei der Aufstieg aufs Rad und die Bremsmanöver. Der Bangbüxige Brachvogel wird aufgrund seiner wackligen Fahrweise zudem oftmals völlig zu Unrecht als Alkoholiker verdächtigt.